의대입시 팩트체크

데이터로 보는 의대 가는 길

- 의·치·한·약·수 입시 현황 완벽 분석
- 입시전문가가 직접 검증한 정보

책을 펴내며

나의 뜻과는 무관하게, 유튜브에서 '피기맘'이란 채널을 운영하며 유튜버가 되었다.

'피기맘'은 원래 '돼지엄마'란 명칭으로 대치동 학원가에서 암암리에 사용되던 말이다. 이들은 주로 1990년대부터 2010년 정도까지 활약했다. 주 활동지역은 대치동이었고, 특목고 내신반이나 강남이 아닌 자사고를 보낸 엄마들을 위해 유명 강사와 학원을 섭외하고 팀을 구성해서 의사소통을 중계하는 역할을 했다.

그런데 입시의 중심이 일반고 내신과 수능으로 바뀌면서 특목고 중심의 피기맘들이 줄어들기 시작했다. 강사들도 피기맘들의 닦달을 견디기 싫어했고, 학원들도 굳이 피기맘들의 비위를 맞춰가며 팀을 짜기보다는 수능 대형 강의나 학생 수가 많은 인근 일반고 내신을 더 선호하는 현상이 생겼다. 여전히 외대부고, 상산고, 영재학교나 과학고, 외고 등에는 피기맘들이 존재하지만, 더 이상 대세는 아니다.

하지만 여전히 피기맘들의 영향력이 강하게 미치는 곳이 있다. 중학교 사교육 시장이다.

"영재학교 가려면 어느 학원에 가야 해."
"수학은 이런 것들을 해야 해."
"영어는 무조건 누구, 물리는 무조건 누구"
사실상 가짜 뉴스의 온상이다.

그래서 유튜브 채널 '피기맘'을 시작했다. 옆집 아줌마의 가짜 뉴스를 가려내고 정말 도움이 되는 대학입시의 팁을 주어야 한다는 생각에서. 그리고 그동안 피기맘에서 다루었던 의대, 치대, 한의대, 약대, 수의대 관련 내용을 정리해서 『의대입시 팩트체크』를 펴낸다.

이 책은 목적은 단 하나, 의대 가기에 유리한 방법을 소개하는 것이다.

이 책은 소장할만한 책이 아니다. 아쉽지만 교육적 의미도 없다. 그냥 정말 순수하게 의대 가는 요령만 기록했다. 자세한 지도가 아니라 약도다. 정말로 의대 가려면 조금이라도 유리한 게 무엇인지를 쉽게 볼 수 있도록 만든 책이다.

그러니 독자 여러분은 이 책에 매달리지 말고,
빨리 정보를 습득한 뒤 자신만의 의대 입시 전략을 만들기 바란다.

이해웅
유튜브 채널 '피기맘'

◆ 차례

CHAPTER 6
최근 입시 결과 알아보기

결론

무엇을 할 것인가?

INTRODUCTION

학생부
종합전형으로
의대에 간다는
환상

FACT CHECK

의대 입시를 노리는 '1,754개 고등학교'의 경쟁자들

2021년 발표 자료에 따르면 전국 고등학교 수는 2,375개이다. 일반고가 1,616개, 특수목적고가 161개이다. 자율고는 110개, 특성화고가 488개이다. 그런데 이중에 의대 입시에 직접 연관된 고등학교는 일반고와 자율고(자율형 공립고등학교, 자율형 사립고등학교)이다. 둘을 합하면 1,726개에 달한다. 그리고 특목고 중에 영재학교 8개와 과학고 20개가 의대 입시와 연관이 있다. 이를 모두 합하면 정확히 1,754개 고등학교가 의대 입시와 연관성이 있는 셈이다. 전교 1등만 1,754명이 있다. 전교 1등과 2등까지는 3,508명이다. 4등까지가 7,016명이다. 2024학년도 기준 의대 모집인원이 전국모집 1,994명에 지역모집(지역인재) 1,022명이니까 총 3,016명이다. 냉정하게 말하면 전교 1등과 2등까지만 진학이 가능한 셈이다. '의대+치대+한의+약대+수의대'는 총 6,614명이다. 전교 4등 중에서도 상당수가 의학계열 진학이 불가한 셈이다.

2021년 전국 고등학교 현황(출처: 2021년 교육통계)

구분	일반고	자율고(공립+사립)	과학고	영재학교
학교 수	1,616	110	20	8
전교4등 누적	6,464	440	80	32
전교10등	16,160	1,100	200	80

전국 의학계열 모집 인원 3,016명

· ·

의대 모집 인원은 총인원이 3,016명이다. 이중 수시 전형에서 선발하는 인원은 고작 1,483명뿐이다. 수시는 내신 성적 중 주요과목의 내신 평균 등급을 위주로 선발하는 '교과전형(이하 교과)'과 '학생부종합전형(이하 학종)'으로 나뉜다. 하지만 만약 수도권 학생이라면 전국모집으로만 지원이 가능하니 실제로 수시로 진학이 가능한 의대는 교과전형 338명과 학종 636명이 전부다. 전교 1등이 서로 나눠가지면 끝이다. 수도권이 아닌 지역에 거주하는 학생들은 여기에 덤으로 학종 지역인재 211명과 교과 지역인재 571명이 할당된다. 사실 전교 1등 중에서도 수시로 의대 진학에 실패하는 경우가 비일비재하다.

2024학년도 전국 의학계열 모집 인원

2024	학종		교과		논술		정시		합
계열	전국모집	지역모집	전국모집	지역모집	전국모집	지역모집	전국모집	지역모집	(명)
의대	636	211	338	571	101	15	919	225	3,016
치대	132	69	51	87	26	0	222	44	631
한의	102	84	135	143	21	5	229	6	725
약대	340	63	266	257	66	15	647	91	1,745
수의	97	3	106	100	16	0	171	4	497
소계	1,307	430	896	1,158	230	35	2,188	370	6,614

휘문고, 상산고, 외대부고 등 몇몇 고등학교가 "수시로 의대에 '많이' 진학한다"는 것은 사실이 아니다. '많이'라는 표현 자체가 벌써 주관적이다. 이는 재수생을 포함해서 정시로 의대에 간 많은 숫자가 더 많은데, 정시 합격생도 마

치 수시인 듯 버무려져서 만들어진 대표적인 '가짜뉴스'이다. 학원가나 일선 고등학교에서 입시 결과로 발표하는 것은 수시와 정시가 합해진 결과이고 중복 합격생을 복수로 계산해서 발표하는 것이다. 전교 1등이 서울대 의예과(이하 서울의대)와 성균관대 의과대학(이하 성균관의대), 고려대 의과대학(이하 고대의대)에 동시에 합격하면 의대 합격생 3명으로 발표된다. 정시 결과의 다수는 졸업생인데 이 졸업생 합격자도 그냥 재학생인 것처럼 의대 합격생 숫자에 합산되기도 한다.

이런 가짜뉴스가 버젓이 중학교 사교육기관인 특목고/자사고 준비 학원에서 부풀려져서 과장되어 유통되는 것이다. 학원 입장에선 일반고 준비 과정보다는 특목고나 자사고 고입 준비 상품이 수익성이 좋기 때문에 특목고나 자사고에 대한 환상을 심어주려 노력한다.

그리고 해당 고등학교도 애써 사실을 확인해주지 않는다. 이런 환상은 자기 학교 홍보에 도움이 되니까.

> 🔍 **팩트체크**
>
> 휘문고, 상산고, 외대부고는 의대에 많이 합격한다. 하지만 수시가 아니라 정시로 많이 가며, 재수생도 많다.

수도권 의대 학종 모집 인원은 겨우 365명
1,754개 고등학교 숫자에 비해 너무 적다
· ·

    수시 합격을 위해 의대 입시 최강 자사고에 진학했다고 해도 수도권 의대에 학종으로 합격한다는 것은 정말로 힘든 일이다. 일단 내신 10등 안에 들어야만 가능성이 있다. 수도권 의대 학종은 선발 인원이 너무 급격히 줄어들었다. 2019년 11월 28일 '대입 공정성 강화방안'의 여파가 크다. 서울의대 학종이 75명에서

2024학년도 수도권 의대 수시 학종 모집 인원

2024	계열	학종		
		전국	특이한 전형	지역
서울대	의대	50(최저 없음)		
연세대	의대	42(2개 1등급, 영3)		
가톨릭대	의대	25(3합 4)	2(사제추천, 최저 없음)	
성균관대	의대	25(최저 없음)		
울산대	의대	14(3합 4)		15(3합 4)
고려대	의대	29(4합 5)	15(계열적합, 최저 없음)	
경희대	의대	33(최저 없음)		
한양대	의대	39(최저 없음)		
중앙대	의대	11(최저 없음)	11(탐구형, 최저 없음)	
이화여대	의대	13(4합 5)		
아주대	의대	20(4합 6)		
인하대	의대	16(최저 없음)		
가천대	의대	20(3개 1등급)		
소계		337	28	15

50명으로 대폭 감소했다. 가톨릭대 의과대학(이하 가톨릭의대) 학종인 학교장추천도 교과전형을 늘리느라 40명이었던 모집 인원을 25명으로 축소했다. 경희대 의과대학(이하 경희의대)가 55명 선발하던 학종을 33명으로 줄였다. 아무리 이름 있는 고등학교라도 이제 학종으로 의대에 많은 인원을 합격시키는 것이 불가하다. 전교 1등이 6장의 원서를 낼 수 있기 때문이다. 'Winner takes it all'의 룰이 여기에도 적용된다.

　　전교 1등은 앞에 표에서처럼 1순위로 서울의대 학종에 지원하고, 2순위로 연세대 의과대학(이하 연세의대) 학종, 3순위로 고교당 1장인 가톨릭의대 학교장추천도 지원할 것이다.

　　성균관의대 학종은 상위권 자사고의 전교권 학생이라면 '지원기피'를 하는 것이 합리적이다. 성균관의대는 학종의 면접을 수능 전에 실시한다. 그래서 수능이 최상위권인 학생들은 수시에서 성균관의대를 기피한다. 학종으로 성균관의대에 합격하게 되면 수능에서 서울의대나 연세의대에 진학할 성적이 나와도 정시 지원이 불가능하기 때문이다. 그래서 표에서 설명한 상위권 자사고 모델에서 전교 1등은 성균관의대 학종에는 지원기피한다.

　　그래서 4순위로 울산대 의과대학(이하 울산의대), 5순위로 고려의대 학종 중에 수능 이후에 면접이 있는 학업우수 전형에 지원하고 마지막으로 6순위는 경희의대 학종인 '네오르네상스'전형에 지원하는 것으로 6개의 지원서를 내는 것이다.

유명 자사고 의대 학종 지원 모델

2024	전형명	상위권 자사고 의대 학종 지원 사례					
		전국	전교 1등	전교 2등	전교 3등	전교 4등	전교 5등
서울대	일반	50	1순위	1순위	1순위		
연세대	활동우수	42	2순위	2순위	2순위	1순위	
가톨릭대	학교장추천	25	3순위	지원불가	지원불가	지원불가	지원불가
성균관대	학과모집	25 (수능전 면접)	지원기피	지원기피	지원기피	2순위	1순위
울산대	학종	14	4순위	3순위	3순위	3순위	지원포기
고려대	학업우수	29	5순위	4순위	4순위	4순위	2순위
고려대	계열적합	15 (수능전 면접)	지원기피	지원기피	지원기피	5순위	3순위
경희대	네오	33	6순위	5순위	5순위	6순위	4순위
한양대	학종	39		지원기피	지원기피		5순위
중앙대	다빈치형	11		6순위	6순위		지원포기
중앙대	탐구형	11 (면접 없음)					지원포기
이화여대	학종	13 (면접 없음)					지원불가
아주대	ACE	20					지원포기
인하대	학종	16					지원포기
가천대	학종	20					6순위
소계		363	6회 지원	6회 지원	6회 지원	6회 지원	6회 지원

다음으로 전교 2등의 수시 지원 과정을 살펴보자. 2등에게는 전교 1등을 놓친 상처가 너무 크다. 일단 학교당 1장의 추천서가 주어지는 가톨릭의대 학종은 지원이 불가능하게 되었다. 서울의대와 연세의대 학종은 지원은 가능하지만 이미 전교 1등에게 성적에서는 밀리는 상태로 추가 지원하는 셈이다. 뭔가 매

우 찝찝함을 피할 길이 없다. 2등도 수능 모의고사 성적은 한두 개 틀리는 수준이니 수능 직전에 면접을 보는 성균관의대 학종을 내고 싶지는 않다. 겨우 14명 선발이지만 울산의대 학종은 내야 한다. 고려의대 학업우수전형에 내야 한다. 여기에도 전교 1등이 지원하긴 했으나 고려의대 학업우수전형은 모집 인원도 많고 1단계 무려 5배수나 뽑아주는 곳이라 일단 1단계 합격은 확신할 수 있어서 좋다. 이제 2회의 수시 지원 기회가 남았다. 지원할 의대는 너무 뻔하다. 지금까지도 모두 전교 1등의 지원과 겹쳤다. 와, 이건 너무 재수 없다. 하지만 의대가 없는 걸 어쩌나. 경희의대 학종까지 전교 1등과 모두 5군데에 원서가 겹친다. 안 겹치는 곳은 하나뿐이다. 학교 마다 1장씩만 지원할 수 있는 가톨릭의대에 1등이 냈고 전교 2등인 나는 지원 자격이 없다. 정말 기분 더럽다. 그래서 마지막으로 전교 2등인 나는 한양대 의과대학(이하 한양의대) 학종을 버리고 중앙대 의과대학(이하 중앙의대) 융합형에 지원한다. 모집인원은 한양의대가 39명이고 중앙의대 융합형이 11명이지만 한양의대는 면접도 없기 때문에 전교 2등인 나는 기피한다. 그리고 수능 후에 면접이 있는 중앙의대 융합형전형에 마지막 원서를 지원한다. 다음은 전교 3등이, 그리고 다음은 전교 4등이 이런 방식으로 원서를 낸다.

전교 10등, 솔직히 수시로 갈 의대가 남아 있지 않다. 같은 고등학교 내에서 9명이 모두 의대에 지원하는 의대 로망 가득한 자사고의 운명이다. 전교 10등은 사실 이런 고등학교에서는 전교 55등인 셈이다. 이미 앞에서 54장의 의대 학종 원서가 작성되고 나에게 55번째 작성의 기회가 주어지기 때문이다. 가천대 의과대학(이하 가천의대) 학종, 경북대 의과대학(이하 경북의대) 학종이 전국 많은 전교 10등들의 차지가 된다.

10등 넘어가면 정시로 가는 것이 더 유리하다

· ·

10등이 넘어가면 정시를 노리는 것이 훨씬 낫다. 수시로 의대에 가는 것이 어렵기도 하지만, 수능 성적을 확보하면 수시로 가능한 의대보다 더 좋은 의대에 진학할 가능성도 있기 때문이다.

예를 들어보자. 휘문고 11등이 가천의대 학종(20명 모집)이나 경북의대 학종(22명 모집)에 지원했다. 사실 1단계 서류전형에 통과할 가능성도 높지 않다. 하지만 1단계 서류 전형에 통과했다고 가정하자. 수시 원서를 9월에 접수하고 나서 11월 3주 목요일에 수능 시험을 본다. 그리고 당일에 가채점을 한다. 여기서 두 가지 경우가 생긴다.

· **첫째, 정시로 고려의대나 경희의대 합격이 가능한 경우**
· **둘째, 수능 최저를 겨우 맞추는 경우**

당연히 첫째 경우면 정시로 고려의대에 진학할 것이다. 그러니 휘문고 11등이 수시로 가천의대나 경북의대에 합격했다면 성공적인 의대 입시 결과를 얻었다고 할 수 없을 것이다. 휘문고 11등이라면 적어도 정시로 서울권 의대에 합격해야 성공적인 것이라 볼 수 있다.

휘문고 1등부터 5등까지는 수시로 의대 갈 가능성도 높고 수시로 가는 의대가 정시로 가는 의대보다 더 좋을 수도 있다. 휘문고 6등부터 10등은 수시로 가는 의대가 정시로 갈 수 있는 의대와 비슷한 수준일 것이다. 하지만 11등부터 20등은 수시로 의대 진학도 어려울 뿐더러 정시 준비를 착실히 해서 진학할 수 있는 의대보다 못한 경우가 많다. 그리고 안타깝지만, 21등부터는 수시로 의대 진학은 거의 불가능하다.

의대 입시를 제대로 알기 위해서는 숫자를 봐야 한다. 수도권 의대 학종은 365명뿐이고 전국적으로 636명이다. 1,754개 고등학교에서는 1등 간의 경쟁을 통해 636명의 합격생이 나오는 것이고 1,754개 고등학교 전교 1등 중에서도 의대에 못 가는 경우도 많다. 의대 학종은 공대 학종과 달리 일단 전교 1등 찍고, 그 전교 1등 간에 비교과를 경쟁하는 것임을 기억하자.

> ### 🔍 중학생 의대 입시 팁
>
> 중학교 반1등도 아닌데 수시로 의대 진학을 위해 휘문고, 상산고, 외대부고에 진학하겠다는 생각은 엄청난 '전략 오류'이다. 중학교 반 3등인 학생이 의대 진학을 위해 휘문고, 상산고, 외대부고에 진학한다면 수시가 아니라 정시로 의대가기에 유리할 수 있기 때문이라고 생각해야 한다. 일단 중학교 반 3등 수준이면 일반고 진학해도 내신 2등급인데 휘문고, 상산고, 외대부고에 진학한다면 3등급이나 4등급을 받게 될 가능성이 높다.

> ### 🔍 고1 의대 입시 팁
>
> - 고1 내신 성적이 나오면 최근 우리 학교 의대 수시 입시 결과를 확인하라.
> - 최근 수시 의대 합격 선배가 3명이면 우리 학교 의대 수시 지수는 '3등'이다.
> - 고1 내신 1등부터 5등까지는 여전히 수시 의대 가능성이 있지만 6등부터 10등은 가능성이 매우 희박하다. 더구나 11등부터는 의대 수시가 아예 불가능하다. 반드시 의대 가야 한다면 정시로 가는 수 밖에 없다.

의대 수시 합격자 분석:
일반고 1~2등은 교과, 유명 자사고 10등 이내는 학종, 영재고, 과학고는 수능최저 없는 학종을 노려라

. . . .

　의대 입시 최종 합격자들을 분석해보면 일반고 전교 1등 또는 2등이 내신 평균등급 위주로 반영하는 수시 학생부 교과전형에 주로 합격한다. 지역의 일반고 학생들은 여기에 덤으로 지역인재 의대 수시 학생부 교과전형이 주어진다. 사실 의대 가기 가장 쉬운 방법이다. 지역의 일반고에 진학해서 전교 1등이나 2등을 하고 수능최저를 맞추면 된다. 일반고 전교 1등은 수능최저만 맞추면 의대 합격은 확실하게 보장된다. 교과전형은 일반고 끼리 경쟁이고, 지역인재는 우리 지역 학생들과 경쟁이다. 어디서나 전교 1등이면 매우 유리하다. 지역인재전형의 경우 학종도 교과와 비슷하다. 왜냐하면 학종에 강점을 보이는 특목고나 자사고가 지방에는 많지 않기 때문이다. 그리고 특목고인 영재학교나 과학고는 수능최저가 있는 의대에는 지원이 어려우니 별로 걱정할 존재감은 아니다. 강원도엔 강원과학고(이하 강원과고. 이하 과학고등학교는 모두 '과고'라고 칭함.)와 민족사관고(이하 민사고)가 있는데 강원과고는 수능최저를 못 맞출 것이고, 민사고 역시 수능최저를 장담하기 쉽지 않다. 제주도에는 제주과고뿐이다. 충청지역에는 천안의 북일고, 대전의 충남고, 충남아산의 삼성고 등 3개의 자사고와 영재학교, 과학고 등이 있다. 하지만 영재학교와 과고는 수능최저의 장벽이 있고, 북일고, 충남고, 삼성고는 일반고와 엄청난 성적 차이가 나는 학교가 아니다. 사실 일반고 전교 1등이 이 학교의 학생들에 비해 그렇게 떨어지는 것이 없다. 호남지역에는 전주상산고 정도가 자사고로 위력을 떨칠 것이고, 경상지역에는 포항제철고, 해운대고, 현대청운고 정도, 나머지는 오히려 대구 수성구의 일반고들이 더 위력적일 수 있다.

일반고에서 의대 가는 방법은 전교 1등이나 2등해서 수시 교과전형이나 지역인재로 진학하는 것이 가장 쉽다. 물론 수능최저는 기본이다. 그리고 전교 1등을 하게 되면 서울수도권 학종에 그냥 지원해보는 것은 덤으로 얻는 기회이다.

학교 수나 학생 수에 대비해서 가장 의대 입학생을 많이 배출하는 고등학교는 자사고이다. 그런데 자사고에서 의대 입시 결과가 좋은 이유는 자사고가 학종에 유리해서라기보다는 수능 성적을 잘 받을 가능성이 높은 중3들이 대거 자사고로 진학하기 때문이고, 실제 자사고에서 의대 실적이 많은 이유는 수시 학종보다 정시로 의대 진학하는 학생이 많기 때문이다. 자사고에 입학하려는 중학생들은 이점을 명심해야 한다. 자사고를 통해 의대에 진학하려면 반드시 최근 그 자사고의 학종 의대 실적을 확인하고, 고1 내신에서 학종으로 의대 진학이 불가능하면 정시로 의대에 진학해야 한다는 점을 정확히 이해한 후에 자사고에 진학해야 한다. 2022학년도 의대 입시에서 전국 고등학교 중 1위를 차지한 고등학교는 서울 강남구에 위치한 광역자사고인 휘문고이다. 교육 정보 전문지인 '지역내일'에서 지난 22년 6월 9일에 휘문고 관계자와 인터뷰해서 보도한 내용에 따르면 휘문고는 2022년에 402명의 졸업생을 배출했는데 이중 의대 합격 건수만 151건이다. 물론 재수생과 중복 합격생을 포함한 숫자이기 때문에 '명'이라고 표현하지 않고 '건'이라 표현했다. 그리고 놀랍게도 151건 중에 고3이 47건이나 된다. 재수생을 제외하고 고3 재학생 의대 합격 숫자에서도 전국 1위로 추정된다. 여기에 치대, 한의대, 약대, 수의대를 포함하면 무려 220건이나 된다. 그런데 이런 사실을 좀 더 분석해볼 필요가 있다.

들리는 소문에 따르면, 고3 의대 합격생 47건 중에 학종은 7건에 불과하다. 논술이 8건이고 나머지는 정시합격이다. 학종 7건이면 당연히 일반고보다는 많지만 일반적으로 자사고에 대한 '환상'처럼 30~40명이 학종으로 의대에 우르르 진학하는 모양새는 아니다. 그러니 의대 입시 때문에 휘문고 등의 자사고에 진학하는 학생은 의대 입시 로드맵을 확실히 구상하고 진학해야 한다. "내가 휘문고 입학해서 고1 때 일단 전교 10등 안에 진입해야 학종으로 의대 진학이 가능하구나. 전교 10등 안에 반드시 들어야지. 그리고 만약 10등 이내 진입에 실패하면 논술이나 정시로 의대 진학을 준비해야겠구나. 전교 15등인데 학종을 준비하는 것은 의대 입시전략에 맞는 것은 아니구나."라고 생각해야 한다는 말이다.

휘문고가 아닌 다른 자사고에 입학하는 경우도 마찬가지다. 입학하려는 자사고의 최근 학종 의대 입시결과를 확인하고 고1 내신에서 그 내신 성적이 확보되지 않으면 학종으로 의대 입시를 접고 정시로 의대 진학을 준비해야 한다.

🔍 **자사고를 희망하는 중학생, 그리고 자사고 1학년의 의대 입시 전략 팁**

1. 최근 학종 의대 입시 결과를 확인한다.
2. 고1 내신 성적으로 최근 학종 합격 건수 안에 들 수 있는지 점검한다.
3. 전교 등수가 학종 가능 범위 안이면 여전히 내신 등수 관리와 수능 준비를 병행하고, 전교 등수가 학종 가능 범위 밖이면 정시나 논술로 의대 입시 준비 방향을 선회한다.

의대 입시 전형의 94.8%를 포기하고 오로지 5.2%인 '수능최저 없는 학종'만으로 의대 가야하는 영재학교나 과학고에서의 의대 입시는 아무리 봐도 어색하다. 3,016명을 선발하는 의대 입시 중에 무려 1,114명을 선발하는 의대 정시와 909명을 선발하는 수시 교과전형을 포기하고 학종 847명과 논술 116명에만 도전해야하는 좀 이상한 의대 입시 전략이다. 학종 847명 중에서도 지역인재가 211명이니 전국적으로 모집하는 인원은 겨우 636명뿐이다. 게다가 학종 중에서도 수능최저가 없는 학종은 서울의대 학종 50명, 성균관의대 학종 25명, 고려의대 계열적합 15명, 경희의대 학종 33명, 중앙의대 학종 22명, 한양의대 학종 39명, 인하대 의과대학(이하 인하의대) 학종 16명, 순천향대 의과대학(이하 순천향의대) 학종 6명으로 합해서 206명이다. 그러니 '영재학교나 과학고'를 통해 의대에 진학하려는 입시 전략은 매우 황당하고 어처구니없는 입시 전략이다.

🔍 영재학교나 과학고에서 의대 진학 팁

영재학교나 과학고에 진학할 수 있는 학생이 일반고에 진학했다면 의대 합격 가능성이 3배 이상 높다. 일반고 진학 시 수시 교과 + 수시 학종 + 정시라는 방법이, 자사고 진학 시 수시 학종 + 정시라는 방법이 있기 때문이다.

- 물론 '수능최저 없는 학종 의대 모집인원' 206명이 모두 영재학교나 과학고 학생에게 돌아가는 것은 아니다. 서울의대는 매년 영재학교 전체 졸업생 중에 3~5명을 선발하고 있다. 과학고 졸업생은 3년 전에 세종과고 1등이 합격한 것이 유일하다. 성균관의대는 전체 모집 인원의 30%를 넘지 않는 선에서 영재학교 위주로 선발하고 있다. 경희대는 55명이던 선발 인원을 33명으로 축소해서 사실상 영재학교나 과학고 졸업생에게 주어지는 기회는 7~8명 선으로 추정된다. 한양대나 중앙대도 비슷한 상황이다.
- 혹시 영재학교나 과학고 진학 후에 의대에 진학할 생각이 들면 바로 일반고나 자사고로 전학해서 정시 의대 준비를 시작하는 것이 좋다.

의대 학종은 줄어들고 있다
. . . .

　학종으로 범위를 좁혀보자. 2024학년도 기준 학종은 전국모집이 636명이다. 전체 3,016명 중 21.1%에 해당한다. 지역모집(지역인재) 학종이 211명이다. 전체의 7%에 해당한다. 이 전형은 수도권 고등학교 학생은 지원이 불가하다. 지방의 학생들도 자기 지역에만 지원이 가능하다. 그러니 사실상 전교 1등 1,754명 중에서도 학종으로 의대 진학이 가능한 1등은 847명뿐이라는 말이다. 범위를 좀 넓혀서 치대 학종은 전국모집이 132명이고 지역모집이 69명이다. 한의대는 전국모집 102명에 지역모집이 84명이다. 약대는 전국모집이 340명이고 지역모집이 63명뿐이다. 수의대는 전국 97명에 지역 3명이다. 의약학계열 전체(의학, 치의학, 한의학, 약학, 수의학)를 합해도 학종 전국모집이 1,307명에 지역모집이 430명이다. 정말로 딱 전교 1등만 갈 수 있는 셈이다.

　수시모집 중에도 학종보다는 교과전형이 더 많다. 의대 교과전형은 전국 338명이지만 지역인재는 무려 571명이나 선발한다. 의학계열 전체를 놓고 보면 전국모집이 896명이지만 지역모집은 무려 1,158명에 달한다. 그래서 지역인재에 해당하는 지방 학생 입장에서는 학종 준비가 커다란 의미가 없다. 특히 지방의 전교 2등부터는 학종을 노리는 것은 사실상 무의미한 시간 낭비에 해당한다. 전교 1등은 혹시 몰라도 전교 2등부터는 애초에 우리 학교 전교 1등도 이기기 힘든 상황에서 전국 일반고 전교 1등을 모두 이기고, 자사고와 특목고의 전교권 학생들과 636명 뽑는 의대 학종에 무모하게 도전하면 안 된다. 그 시간에 수능최저 맞추고 교과전형으로 의대나 치대, 약대 중에서 교과전형 합격 가능성을 높이는 것이 현명한 행동이다. 지역인재 해당 지역이라면 수능최저만 맞춰도 합격이다.

지역인재에 해당하지 않는 수도권 일반고 내신 **최상위권 학생들은 전교 1등**을 제외하고 학종 준비에 시간을 낭비하지 말고, 수능최저를 맞추기 위한 준비를 하는 것이 의대 입시에 맞는 현명한 학습전략이다.

　서울의대에 가고 싶으면 전교 1등해서 일반고끼리 경쟁하는 학교장추천전형인 지역균형 전형에 도전해야 한다. 서울의대 학종은 75명이던 모집인원이 50으로 줄었다. 75명 선발일 때도 거의 못 갔는데, 50명이면 아예 못가는 것이다. 참고로 2022학년도 65명 선발일 때 전국단위 자사고에서 약 20명, 강남구 고등학교에서 약 10명 정도 합격한 것으로 추정된다. 여기에 영재학교 출신이 5명 정도로 파악된다. 그러면 나머지 약 30명의 자리를 두고 서울 서초구, 서울 양천구, 서울 노원, 대구 수성구, 성남 분당구, 대전 서구, 부산 해운대구, 광주 북구 등의 소위 '학군지역' 학생들과 경쟁해야 한다. 전교 1등은 학교장추천으로 지원하고, 2등부터는 사실상 합격 가능성은 지극히 낮은 로또라고 생각하고 마음을 비워야 한다. 연세의대 학종은 42명 모집인데 합격생 결과를 보면 블라인드 전형임에도 이상하게 '소위' 명문고 전교 1~2등들이 대부분이다.

　연세의대를 노리는 일반고는 1등은 추천형에 지원하고 2등부터는 그냥 연세의대는 포기하거나 아무 준비 없이 질러보는 용도로 써야 한다. 전교 2등부터 연세의대 학종은 포기하자.

　가톨릭의대 학종은 학교장추천을 받아야한다. 그런데 모든 학교에서 단 1명만 추천이 가능하다. 그런데 서울의대 지역균형과 달리 완전한 학종이어서 자사고 1등들과 경쟁을 해야 한다. 서울의대 지역균형보다 합격이 더 어렵다고 생각해야 한다. 여기도 어차피 전교 1등이 가져간다.

　성균관의대 학종은 25명인데 영재학교, 과학고, 전국자사고, 강남권 학생들도 집중적으로 노리는 전형이다. 일반고라면 전교 1등이 낼 가능성이 높다. 울산의대 학종은 겨우 14명 선발한다. 수능최저가 3합 4. 여기 지원하면서 학종하랴 수능최저 맞추랴 정신없이 왔다가 갔다가 하느니 그냥 정시에 몰두하는 것이 더 나을 수 있다.

고려의대 학종은 두 종류인데 수능최저가 있는 일반적 학종과 수능최저가 없는 계열적합형 학종이다. 일반전형이 29명이고 계열적합이 15명이다. 일반전형은 수능최저가 4합 5(과학 2과목 평균)으로 전국에서 가장 높다. 사실상 변형된 수능 전형이다. 계열적합은 수능최저가 없는 대신 영재학교나 과고, 민사고, 하나고 등 이과 최강의 학종 학교들과 정면 승부를 해야 한다. 일반고의 경우 전교 1등이나 전교 2등이나 모두 수능최저가 관건인 대학이다. 그래서 여기는 전교 1등조차도 학종을 준비보다 수능 준비가 급한 대학이다.

경희의대가 그나마 일반고에게 희망이었는데 55명이던 학종 인원이 33명으로 감소했다. 정시와 교과전형을 늘리면서 학종 인원을 줄일 수밖에 없었다. 하지만 영재학교나 과학고, 자사고의 선발 인원을 줄이지는 않을 것이다. 또 일반고 합격생만 감소할 것이다. 경희의대 입장에선 일반고는 교과전형으로 선발하니 형평성에 문제는 없다고 생각할 것이다. 하여간 일반고 입장에선 전교 1등간의 경쟁이다.

중앙의대 학종은 면접이 있는 전형이 11명이고 면접도 없는 전형이 11명이다. 한양의대 39명 중 과연 일반고에게 몇 자리나 차례가 돌아올까? 그리고 과연 1등도 아닌 일반고 학생에게는 과연 차례라는 것이 존재하기나 할까? 이화여대 의대가 13명을 학종으로 선발하는데 수능최저가 4합 5(과학 1과목 반영)이다. 가천의대 학종과 아주의대 학종이 20명씩 선발하고 인하의대 학종이 16명 선발한다.

이상이 수도권 의대 학종 선발 인원이다. 길게 말했지만, 요약하면 2등에게는 기회가 정말 없으니 쓸데없는 의대 학종 준비에 시간 허비하지 말고 빨리 다른 방법을 찾으라는 말이다. 여기서 다른 방법은 두 가지다. 하나는 내신 등급을 올려서 1등을 탈환하는 것이고 다른 하나는 수능 성적을 최대한 올리는 것이다.

수도권을 넘어 완전 지방의대에도 학종이 있을 테니까 일반고에서 학종 준비 열심히 하면 지방의대 학종이라도 갈 수 있다는 말은 의대 입시 최악의 헛소리이다. 앞서 알아본 서울과 수도권 의대 학종을 제외하면 학종을 실시하는 의대는 춘천에 있는 한림대 의과대학(이하 한림의대) 학종 21명의 최근 입시결과를 확인해보면 상위 70% 커트라인이 1.36등급이다. 전교생이 250명이 넘으면 3등, 200명 미만이면 전교 2등, 100명 미만인 일반고에선 전교 1등의 성적이다. 연세대(미래) 원주의과대학(이하 연세원주의대) 학종 15명, 70% 커트라인은 1.37등급이었다. 일반고 위주였다는 점을 확인할 수 있다. 순천향의대 학종은 겨우 6명이고 70% 커트라인이 1.09등급이다. 일반고 전교 1등 중에서도 최상위 등급이다. 이건 학종이라 할 수 없다. 건국대(글로컬) 충주의과대학(이하 건국충주의대) 학종 12명, 70% 커트라인은 1.64등급이었다. 한림의대와 연세원주의대와 달리 70% 커트라인이 1.64등급으로 높게 형성되었다. 일반고에선 5등이나 6등까지, 자사고에선 3~4등, 과학고라면 전교 1등 수준이다. 아마도 자사고 학생의 비율이 좀 높았던 것으로 보인다.

강원대 의과대학(이하 강원의대) 학종이 9명, 가톨릭관동대 의과대학(이하 가톨릭관동의대) 학종이 8명, 충남대 의과대학(이하 충남의대) 학종이 25명, 충북대 의과대학(이하 충북의대) 학종이 8명, 경북의대 학종 22명, 동국대 경주의과대학(이하 동국경주의대) 학종이 7명, 단국대 천안의과대학(이하 단국천안의대) 학종이 15명, 전남대 의과대학(이하 전남의대) 학종 12명, 전북대 의과대학(이하 전북의대) 학종 5명, 계명대 의과대학(이하 계명의대) 학종 4명, 경상대 의과대학(이하 경상의대) 학종 2명, 원광대 의과대학(이하 원광의대) 학종 26명, 조선대 의과대학(이하 조선의대) 학종 10명이 지방 의과대학 학종의 전부이다.(2024학년도 기준) 모두 합해도 207명이다. 대부분 50% 커트라인이 1.3등급 이내이다. 충북의대 1.33등급, 연세원주의대 1.33등급, 동국경주의대 1.6등급, 경북의대 1.7등급, 계명의대

1.77등급으로 1.3등급보다 커트라인이 낮은 의대는 6곳이고 모집 인원 합은 52
명이다.

70% 커트라인도 1.07~1.36등급이 주를 이룬다. 사실상 일반고 위주로 합격
생이 배출되었다는 점을 알 수 있다. 그리고 '세특'이니 '행특'이니 하는 것보다
내신 성적과 수능최저가 거의 모든 것을 결정한 것을 알 수 있다. 원광대 의과
대학 학종이 모집인원도 많고 다양성이 있어 보일 수 있지만, 결국은 내신 순으
로 뽑혔다. 2022 원광의대 학종 50% 커트라인 1.13등급이고, 70% 커트라인은
1.17등급이다. 그냥 일반고 전교 1등 수준의 성적이다.

내신과 수능최저가 지배하는 지방 의과대학 학종 중 예외적인 두 대학이 있
다. 경북의대와 계명대 의과대학이다. 경북의대가 70% 커트라인이 2.5등급이
고, 계명의대 학종이 1.77등급이었다. 두 의대 학종의 공통점은 수능최저가 지
방의대 중에는 가장 높은 수준이란 점이다. 경북의대가 3합 3이고 계명의대가 3
합 4이다. 2022학년도에는 경북의대 10명, 계명의대 4명으로 모집 인원도 매우
적었다. 지방의대 학종도 전교 1~3등이 아닌 경우 합격이 어렵다. 그러니 전교
5~6등인데 마치 학종만 잘 준비하면 갈 수 있는 의대가 있는 듯이 환상을 좇으
면서 시간을 허비하면 안 된다. 차라리 어떻게든 내신 성적을 올리거나 높은 수
능최저에 도전하거나 해야 한다. 의대 준비보다 안 되면 공대라도 보내야 한다
는 교사들의 심정은 이해가 되지만, 학종 준비가 마치 의대 준비인 것처럼 말하
는 것을 믿지는 말자.

진짜 의대를 소망하는 일반고 학생이라면 학종 따위 준비할 시간이 없다. 사
실상 일반고의 경우 의대 입시 전략을 수시 교과전형과 정시로 맞추는 것이 현
명한 전략이다. 평소에 수능 기출문제나 모의고사를 매주 1회씩 풀고 오답 정리

를 해서 수능 범위 적응력을 높이고 내신 기간에는 내신 준비에 박차를 가하는 것이 정답이다. 되지도 않을 의대 학종이란 신기루를 찾아 헤매는 대신에 의대 입시에 도움이 되는 공부에 집중해야 한다.

🔍 일반고 전교 1등 – 학종은 조연, 주연은 수능최저

1. 1등을 사수하라.
2. 수능최저 준비에 만전을 기하라.
3. 학종 준비는 기본에 충실하라.

▶ 지원 가능 의대

1) 서울의대 학교장추천(지역균형–학종이긴 하나 일반고 1등간의 경쟁)

2) 연세의대 추천형(교과전형–비교과 안 들어감, 수능 전 면접 실시)

3) 고려의대 학교추천(교과전형+서류20%–사실 수능최저전형, 4합 5)

4) 가톨릭의대 학교장추천(고교당 1명, 수능최저 3합 4)

5) 가톨릭의대 교과전형(수능최저 4합 5)

6) 경희의대 교과전형(수능최저 3합 4)

7) 충남의대 교과, 전북의대 교과를 보험용으로 고려

수도권 일반고 1등은 다른 것에 신경 쓰지 말고 내신과 수능의 등급을 더 높이자. '세특'에 신경을 써야 할 이유가 전혀 없다!

🔍 일반고 전교 2등 이하 – 학종 없음! 내신과 수능에 집중

▶ 지원 가능 의대

1) 서울의대 일반 학종 – 그냥 질러보는 심정으로

2) 연세의대 학종 활동우수형 – 서울의대보다 어렵다.

3) 성균의대 학종 – 우리 학교 1등을 이겨야 한다.

4) 울산의대 학종 – 수능최저를 확인하면 좌절감이 든다.

5) 경희의대, 한양의대, 중앙의대 학종은 우리 학교 1등에게 밀린다.

6) 가천의대, 경북의대 학종은 수능최저 자신 있으면 지원해보기

7) 인하의대는 영재학교, 과학고, 자사고 차지이니 욕심을 버리기

8) 나머지 지방의대 학종도 70% 커트라인이 1.3등급 중후반임.

9) 1.5등급 넘어가면 사실상 작년 커트라인 낮았던 의대 학종 지르기 수순

수능최저 높은 대학 학종에 초점을 맞추고 수능최저 공략에 전력투구, 안 되면 지방 의대 정도는 정시로 가겠다는 결단이 필요하다. 아쉽지만 일반고 1.6등급 이하를 위한 학종은 없다. 그럼에도 간혹 2등 이하 학생에게 '의대 학종 준비하라'는 사람이 있다. 그런 경우 반드시 물어봐야 한다. 어느 대학 학종을 어떻게 준비하라는 것인지를 구체적인 모집 인원과 입시 결과를 바탕으로 설명해달라고 요구하라. 만약 이를 제시하지 못한다면 그 사람의 말은 믿을 가치가 전혀 없는 것이다.

🔍 지역 일반고 학생의 의대 입시전략

1. 내신 평균 등급 최대한 올리기

2. 수능최저 준비하기

3. 학종은 최소한의 기본만으로 진행. 가성비 높은 학종 준비. 수행평가 감점 당하지 않을 정도로 하기. 동아리 1개 참석하기. 임원 굳이 할 필요가 있을까? 봉사는 교내 봉사 정도. 세특 걱정은 필요 없을 것. 전교 5등 이내 학생의 세특을 신경 쓰지 않는 고등학교는 없다.

지역 일반고 학생들은 수도권 일반고 학생보다는 의대 진학 환경이 훨씬 좋다. 지역인재전형이 40% 이상으로 증가했기 때문이다. 부산대 의과대학은 125명의 선발 인원 중에 지역인재전형에 무려 100명을 할당했다. 전국 선발은 정시에서 25명만 실시한다. 그리고 지역인재 의대 입시의 특징은 교과전형이 압도적으로 많다는 것이다. 실제 2023학년도 기준 의학계열 지역인재 중에 교과전형 비중

이 무려 72%이다. 학종 준비에 시간을 낭비할 필요가 없다. 지역인재의 특성상 학종도 내신 성적순으로 당락이 결정될 가능성이 높다. 그러니 학종 준비 대신 수능최저 준비가 답이다. 지역 일반고 내신 최상위권 학생이 의대 입시에 실패하는 경우는 거의 대부분 수능최저 미충족이다. 기억하자. "자나 깨나 수능 최저!"

서울·수도권 의대 학종, '1등끼리' 경쟁
· ·

서울의대 학종은 두 종류로 지역균형(39명)과 일반전형(50명)으로 나뉜다. 여기서 지역균형은 일반고 위주로, 수능최저는 국어, 수학, 과학탐구 2과목, 영어 중에서 잘 본 과목 3개의 등급 합이 7등급 이내(3합 7)여야 한다. 학교당 2명 추천을 받아 지원이 가능한 전형이다. 보통 같은 고등학교에서 1등과 2등이 동시에 지역균형에 지원해서 의대에 합격하는 경우는 거의 없다. 그래서 1등은 의대, 2등은 공대 등에 지원한다. 다시 말해서 일반고 1등만 지원이 가능하다는 의미이다. 일반전형은 영재학교, 과학고, 자율고, 일반고, 검정고시, 해외고 출신까지 모두가 지원이 가능한 전형이다. 그런데 합격생을 확인해보면 보통 상위권 고등학교의 1등의 합격 비율이 가장 높다. 예를 들어, 2022학년도 서울 강남구의 일반고인 진선여고에서 3명이 동시에 합격해서 화제가 된 적이 있는데, 이런 경우에는 3명이 거의 공동 1등 수준이었다고 보면 된다. 마찬가지로 전국 단위 자사고인 외대부고에서 서울의대 학종 일반전형에 동시에 합격한 두 명역시 거의 공동 1등 수준이라 볼 수 있다.

연세의대 학종은 42명을 선발한다. 역시 입시 결과를 확인해보면 알 만한 고등학교의 1등들이 대부분이다. 가톨릭의대 학종은 서울의대 지역균형과 비슷하게 학교장 추천을 받아야 하는데 학교당 1명이다. 지원 가능한 학생이 아예 전교 1등으로 제한되는 셈이다. 외대부고, 상산고 전교 2등은 가톨릭의대 학종에 지원이 불가하다. 결과 역시 상위권 고등학교 1등이 대부분 합격한다. 성균관의대 학종이 25명을 선발한다. 합격생들은 특목·자사고 출신들이 30% 수준이다. 일반고도 강남형(=수능이 강한) 학생들이 많다. 울산의대 학종은 14명이다. 자사고나 강남형 고등학교 내신 최상위권이 주로 합격한다. 고려의대 학종은 두 종류인데 수능 전에 면접을 보는 계열적합형(15명)과 수능 후에 면접을 보는 학업우수형(29명)이다. 계열적합형은 수능최저가 없기 때문에 수능 공부와 무관한 대학 선행학습이나 미국대학 선행학습(AP)를 주로 공부하는 영재학교, 과학고, 민사고, 하나고 학생들이 많이 지원하고 합격한다. 학업우수형은 수능최저가 무려 4합 5등급이고 과탐은 2과목 평균으로 반영된다. 전국 의대 수시 수능최저 중에 가장 높다. 사실상 변형된 정시모집이다. 경희의대 학종은 네오르네상스 전형이라 불리는데 모집인원을 55명에서 33명으로 급격히 줄였다. 교과전형을 18명으로 늘리면서 학종 인원이 감소했다. 경희의대 학종의 결과는 경희의대가 홈페이지를 통해 공개한 아래 그림으로 확인할 수 있는데 검은색 ○가 합격생이고 흰색 ×가 불합격생이다.

2022학년도 경희의대 학종 네오르네상스전형 결과(출처: 경희대학교 홈페이지)

모집 단위	합격자 평균 등급	지원자 학생부 교과 등급 분포								○ 합격(총원합격 포함) ×불합격
		1등급	2등급	3등급	4등급	5등급	6등급	7등급	8등급	9등급
의예과	1.3	●●●●●○○○○○	○○○○○	○○○○×× ×× × ××○××	× ×		×	×		

위 그림을 보면 합격생 평균은 1.3등급이다. 그리고 오른 쪽에 각 합격생의

성적이 표시되어 있다. 합격생 중에 내신 등급이 가장 나쁜 학생은 2등급과 3등급 사이에 있는 5~6명으로 대략 2.5등급 전후이다. 그런데 이 학생들이 과연 일반고 2.5등급일까? 절대 그럴 리 없다. 아마도 외대부고, 상산고, 민사고, 하나고 등의 전국 자사고이거나 세종과고, 한성과고, 부산과고 등의 과학고 2.5등급이라고 추정하는 것이 합리적이다. 외대부고 2.5등급이면 전교 5~10등 사이, 세종과고라면 전교 5등 이내 학생일 것이다. 그리고 가장 많은 합격생이 몰려 있는 구역은 동그라미가 확인이 어려울 정도인 1~1.2등급 사이 구간이다. 이 구간은 당연히 일반고 전교 1등들의 집합이다. 일반고 전교 1등 경쟁이라는 말이다. 전교 1등 사이의 경쟁에서나 학종의 비교과와 세특이 힘을 발휘한다. 일반고 전교 5등은 아무리 세특이 좋아도 '1등'이 아니기 때문에, 사실상 합격하기 어렵다. 세특은 전교 1등이나 2등만 신경쓰면 된다.

그림을 보면 1.5등급 구간부터 합격생이 비중이 급감하기 시작한다. 1.5~2등급 구간의 학생들은 누구일까? 이들은 자사고 2~5등인데 6개를 지원하다보니 그냥 보험용으로 경희의대를 끼워 넣은 경우도 있을 것이고, 강남구나 대구 수성구 등 소위 학군지역 고등학교 전교 3~7등 학생이 가장 부담 없는 경희의대 학종을 끼워 넣은 경우일 가능성이 높다.

서울의대 1개, 연세의대 1개, 성균관의대나 울산의대 중 1개, 고려의대 1개 이렇게 지원해도 원서 2개가 남는다. 한양의대 학종은 면접이 없기 때문에 수능 성적이 최상위권인 학생들은 '수시납치'를 우려하여 지원하지 않는 경우가 종종 있다. 한양의대 학종은 39명이다. 가장 분석이 어려운 학종이긴 하지만, 영재학교나 과학고 출신이 30% 가까이 합격했을 것으로 추정된다. 수능 준비하기 어려운 민사고나 하나고 학생들도 집중적으로 노리는 학종이다. 나머지는 수능최저 맞추기 어려운 일반고 1등들이 주로 지원할 것이다. 중앙의대는 두 종류의 학종을 운영하는데 융합형(11명)과 탐구형(11명)이다. 뽑는 수가 매우 적은 편이다. 이화여대 의과대학(이하 이화의대)가 학종으로 13명을 선발한다. 하지만 수능 최저가 4합 5, 가혹하리만큼 높다. 사실상 이 전형을 수시라고 부르기에 무리가 있을 정도이다. 아주의대와 가천의대는 20명 씩 선발하고 인하의대가 16명을 학종으로 선발한다.

2024학년도 수도권 의대 전형별 모집인원 정리

2024	계열	교과(or 추천)	학종			논술	정시	합
		전국	전국	변형	지역	전국	전국	(명)
서울대	의대	39	50				40	135
연세대	의대	18	42				47	108
가톨릭대	의대	10	25	2(사제추천)		19	37	93
성균관대	의대		25			5	10	40
울산대	의대		14		15	0	10	43
고려대	의대	18	29	15(계열적합)			27	106
경희대	의대	18	33			15	44	110
한양대	의대		39				68	107
중앙대	의대		11	11(탐구형)		19	45	86
이화여대	의대		13				55	68
아주대	의대		20			10	10	40
인하대	의대	8	16			9	16	49
가천대	의대	5	20				15	40
소계		116	337	28	15	77	424	1,025

위 표에서 확인할 수 있듯 수도권 의대 학종의 전체 모집인원은 337명이다. 여기에 가톨릭의대 '가톨릭사제추천' 2명과 고려의대 계열적합 15명, 중앙의대 탐구형 11명을 더하면 365명이 된다. 전교 4등 일반고 학생이 '세특'을 잘 써서

뒤집기 어려운 수치이다. 그러니 의대 입시를 위한 학종은 전교 1등만 하자.

세특보다 중요한 것은 학교의 유명세
· ·

대학도 부인하고 고등학교도 그럴 리가 없다고 주장하지만 결과를 보면 이상하게 상위권 고등학교 학생들이 의대 학종으로 많이 합격한다.

서울의대 학종 합격생이나 다른 의대 학종 합격생을 파악해보면 영재학교, 자사고, 강남 지역 고등학교 학생이 합격생의 50%를 넘는 경우가 많다. 나머지 일반고는 그냥 '구색 맞추기' 정도일 지경이다. 경희의대 학종도 일반고는 거의 전교 1등, 일부 자사고는 1등이 서울의대나 연세의대 등 메이저 의대에 합격하니 2등부터 10등까지 수준별로 합격한다. 외대부고 1등이 서울의대, 2등이 연세의대, 3등이 울산의대, 4등부터 7등이 고려의대에 합격하면 밀려서 8등이나 9등이 경희의대에 합격하는 식이다. 사실상 학교 내에서 의대 학종을 두고 경쟁이 치열한 것이다. 수시에서 6장의 원서를 쓸 수 있기 때문에 생긴 문제이다. 1등이 보통 서울의대와 연세의대에 합격하면 2등이 연세의대나 고려의대에 합격하고 3등은 그 아래 경희의대나 중앙의대에 합격하는 식으로 밀려가게 된다. 실제 전교 5등은 앞에 4명이 6장씩 24장의 원서를 내고 25번째로 의대에 지원하는 셈이다.

한편, 대학은 영재학교나 과학고 학생을 교육과정으로 알아볼 수 있다. 학교에서 배우는 내용이 워낙 달라서 구분하는 것은 너무도 쉽다. 그리고 '학교알리미'에 나와 있는 교육과정을 면밀히 살펴보면 서울과고인지 경기과고인지 구분하는 것도 가능하다. 민사고와 하나고도 교육과정을 통해서 AP 위주로 학습했다는 것을 확인할 수 있다. 나머지 자사고들은 AP가 위주가 아니므로 확인하는 절차가 좀 더 까다롭다. 하지만 강남권 자사고나 일반고가 많이 합격하는 것으로 봐서 확실히 출신 학교가 어떤 식으로든 영향을 준다는 것을 아주 무시하기는 어렵다.

물론 영재학교나 민사고, 하나고가 의대 학종에 무조건 유리한 것은 아니다. 이 학교들은 수능최저가 문제이다. 그래서 이 학교의 학생들은 내신을 지키는 동시에 수능최저를 맞추기 위해 별도의 과외나 학원을 병행해야 한다. 수능하다 내신을 놓치면 큰일이고, 반대로 수능준비에 소홀해서도 안 된다. 그래서 영재학교나 민사고, 하나고의 의대 학종은 대부분 수능최저가 없거나 낮은 대학 위주로 발생한다. 수능최저가 없는 서울의대 일반 학종, 성균관의대 학종, 경희의대 학종, 한양의대 학종, 중앙의대 학종, 인하의대 학종 등이다.

가장 유리한 '비교과'는 '상위권 고등학교 전교 1등'

외대부고 전교 1등은 다른 일반고 전교 1등보다 의대 진학에 유리하다. 휘문고 전교 1등, 서울과고 전교 1등도 아주 유리한 위치에 있는 것이 사실이다. 하지만 외대부고 전교 10등을 하게 되면 아주 애매한 처지에 놓이게 된다. 이 학생이 학종을 열심히 준비해서 의대에 학종으로 진학한다면 어느 대학 정도에 합격이 가능할까? 최대 고려의대 학종, 경희의대 학종, 중앙의대 학종, 한양의대 학종, 가천의대 학종 정도로 보인다. 하지만 외대부고 10등 수준이면 일반고에서 전교 1등을 했을 가능성이 높다. 그냥 일반고에서 1등을 하고 수시로 의대를 진학하는 것이 더 나은 방법이었을지 모른다.

만약 외대부고 10등, 혹은 이에 준하는 학생이 의대를 가고자 한다면 이런 방법을 사용할 수 있다. 수시 학종으로 연세의대 학종, 울산의대 학종, 고려의대 학종, 경희의대 학종, 중앙의대 학종, 가천의대 학종 등 6장의 원서를 지원하고 수능에서 언어에서 최대 2개 오답, 수학 만점, 화학Ⅰ과 생명과학Ⅰ에서 각각 최대 1개 오답을 내서 가톨릭의대나 울산의대에 정시로 합격 가능한 점수를 확보한 뒤, 수시로 지원한 6개 의대 학종 면접에 불참하는 것이다. 이렇게 정시와 수시 준비를 병행해야 한다. 외대부고 10등정도 되는 학생이 가천의대 학종 면접만 선택할 수 있는 상황에 놓였다면 이는 실패한 입시라고 할 수 있다. 이것이 2022학년도 이후 "정시 40%, 지역인재 40%"인 상황에서의 입시 전략이다. 실제로 작년 강남 모 고교의 전교 10등 이내의 학생 중에 중앙의대 학종 1단계 통과하고 수능 채점 결과와 비교해서 중앙의대 학종 면접을 미응시하고 가톨릭의대 정시에 합격한 사례도 있다. 비슷한 수준의 학생 중에는 경북의대에 합격했지만, 재수를 하고 있는 학생도 있다.

먼저 정시 합격선 성적 확보한 뒤, 수시로 더 좋은 의대 합격을 노려라

의대 입시는 시간 싸움이다. 고등학교 입학 후에 내신과 비교과, 그리고 수능을 동시에 챙기는 것은 누구에게나 부담이고, 이 세 가지를 모두 완벽하게 수행할 학생은 많지 않다. 그러니 세 가지를 모두 챙긴다는 것은 셋 중에 어느 하나도 완벽하게 할 수 없다는 의미이다. 고등학교 1학년 내신이 의대 합격권에 들지 않는다면 빨리 정시를 준비해야 한다. 고등학교마다 수시 의대 합격권은 다르다. 대체로 전년도 수시 합격생의 숫자를 기준으로 보면 된다. 작년에 서울대 몇 건, 연세대 몇 건, 경희대 몇 건 등 의대 입시 결과를 확인해야 한다. 2022학년도 상산고에서 수시로 의대에 재학생 18건과 재수생 4건이 합격했다고 하면(물론 이중에 중복합격자도 존재한다.) 그 18명의 등수와 진학 대학을 확인해야 한다. 전주에 있는 상산고는 원광대 지역인재학종이란 수시 합격에 유리한 전형이 있다. 그런데 과연 상산고 15등이 원광대에 지역인재학종으로 입학하는 것이 과연 성공적인 입시일까? 아마 상산고 전교 15등으로 원광대에 합격한 학생은 수능이 생각보다 잘 나오지 않아서 어쩔 수 없이 의대 면접에 참여하고 합격했을 것이다. 지금은 재수를 하고 있을 가능성이 높다. 아무리 상산고라도 고1 성적이 10등을 넘으면 입시 전략을 정시로 옮겨야 한다. 선택과 집중은 빠를수록 좋다.

> ## 🔍 '정시 40% + 지역인재 40%' 시대의 의대 입시
>
> 1. 고등학교 1학년은 현재 자기 내신 성적으로 진학 가능한 의대를 확인해야 한다. 수능 준비를 통해 더 좋은 의대에 진학하는 것이 가능한지 판단해라.
> 2. 중학생은 일단 고교 입시를 위한 비교과, 수능이 아닌 과목에 대한 과도한 선행 등을 멈추고 수능 과목 선행학습에 집중해야 한다. 일단 고교 진학 후에 수능 수학 1등급, 수능 국어 1등급, 수능 화학Ⅰ과 생명과학Ⅰ 1등급 확보에 주력해야 한다. 이공계 진학하는 학생처럼 여유를 부릴 수 없다.

CHAPTER 1

문제는
수능이다

FACT CHECK

1) 의·치·한·약·수 진학에 필요한 요소

· ·

본격적으로 의학계열 입시에 필요한 것을 알아보자. 크게 보면 '수능', '내신', '비교과', '면접', '논술'이 있다. 그러나 논술 전형은 인원이 많지 않고, 사실상 수능 수학 서술형이기 때문에 논술을 제외한 '수능', '내신', '비교과', '면접' 준비를 하는 것이 의학계열 입시 준비이다.

의학계열 입시에서 구체적으로 사용되는 요소는 전형별로 다음과 같다.

· **수시 학생부교과전형**: 주요과목 내신 등급과 수능 성적
· **수시 학생부종합전형**: 전과목 내신 성적, 비교과 활동, 수능 성적
· **정시**: 수능 성적

이를 보면 알겠지만, 의학계열 진학을 위해 가장 필수적인 것은 수능이다.

수능은 수시에서 '수능최저기준'으로 활용되고 정시에서는 '수능 총점'이 그대로 당락을 결정한다. 결과적으로 의학계열 입시에는 수능이 가장 중요한 요소이다. 수능이란 요소를 무시하고 의학계열 진학하는 것은 매우 어렵다. 아니, 사실 불가능하다.

> **의학계열 입시 준비를 간단하게 순서대로 정리하면 다음과 같다**
>
> 1. 중학교 2학년부터 고2까지 수능 1~2등급 수준의 실력 익히기
> 2. 고3 때 수능 1~2등급 수준을 계속 유지하기
> 3. 고등학교 내신에서 전교 상위권(=내신 평균 등급 1등급대 또는 전교 10등) 유지하기
> 4. 내신 등수에 맞는 적당한 비교과 유지하기 순이다.

명심할 점은 수능이 안 되면 다음 조건은 아무 의미가 없다는 점이다. 전교 1등도 필요한 '수능최저기준'을 맞추지 못하면 의학계열 진학은 불가능하다. 의학계열 입시의 핵심은 수능이다. 수능은 정시와 수시 모두에 활용된다. 내신은 그 다음이다. 내신은 수시에서만 수능최저와 동시에 활용된다. 비교과는 사실 가장 영향력이 작은 요소이다. 수시 학종에 내신 성적의 보조적 역할로만 활용된다. 의대 진학이 목표라면 애초에 수능을 무조건 잘 해야 한다는 각오를 해야 한다. 어떤 일을 해도 우선순위라는 것이 있다. 수능은 의학계열 입시에서 최우선으로 해야 할 일이다. 고3은 공부 순서에서 수능 준비를 제1로 두어야한다. 고2는 선 수능, 후 내신의 공부 순서를 명심해야 한다. 고1은 내신에 집중하면서도 수능 준비를 게을리 해서는 안 된다. 중학생들은 고교 선택에서 수능 준비에 용이한 고교를 선택해야 한다.

의학계열 입시 모든 요소는 수능으로 통한다. 의대입시, 문제는 수능이다!

2) 수능이 의대 수시에 미치는 영향

· ·

2023학년도 수시에서 의대는 정원 내외 모두 합해서 총 1,837명을 선발한다. 학생부교과전형, 학생부종합전형, 논술전형, 고른기회전형, 농어촌전형, 저소득층전형 등 모든 전형을 포함한 수치이다. 이 1,837명 중에 '수능최저기준'이 적용되지 않는 인원은 15.6%인 287명뿐이다.

정원 내 모집인원으로 범위를 좁혀보면 총 1,776명 모집인원 중에 수능최저기준이 적용되지 않는 인원은 14.9%인 264명 수준이다. 정원 내 모집인원 중 학생부교과전형은 총 887명인데 이 중 수능최저기준이 적용되지 않는 모집인원은 겨우 37명이다. 학생부종합전형은 총 889명인데 수능최저기준이 적용되지 않는 인원은 227명이다.

> ### 🔍 의학계열과 이공계열 학종의 차이는 '수능최저기준'
>
> 이공계열은 수능최저기준이 없는 대학도 많지만, 의학계열은 수능최저기준이 대부분 존재한다.

서울대, 서강대, 성균관대, 한양대, 경희대, 중앙대 일부, 건국대, 동국대 등 서울의 주요 대학들은 이공계열 학생부종합전형에서 수능최저기준을 적용하지 않는다. 그래서 공대 진학하려는 학생에게는 학생부종합전형 비교과가 중요하다. 수능은 사실 신경 쓰지 않아도 될 정도이다.

하지만 의학계열은 대부분 수능최저기준이 적용된다. 의학계열 수시에서도 입시 준비 1순위는 수능이다. 이공계처럼 낭만적으로 비교과를 준비할 수는 없다. 사실 의학계열 입시에서 비교과 '따위'는 그리 중요한 문제가 아니다.

혹시라도 의학계열 수시에 관심이 있는 학생이라면 고3은 수능최저기준을 맞출 수 있도록 준비하고, 고1과 고2는 비교과는 잊고 내신과 수능최저기준 모두에 만전을 기해야 한다. 중학생들은 수능 기초를 확실히 완성하는 것이 핵심이다. 고교선택도 수능 준비에 유리한 고교를 선택하는 것이 좋다. 영재학교, 과학고, 민사고, 하나고는 대학 과정을 선행하는 곳이기 때문에 사실 수능 공부에는 제한이 많다. 만약 이 학교들에 진학하게 되면 의대 진학 방법은 전국에서 227명 선발하는 수능최저기준이 없는 학생부종합전형뿐이다.

수능최저의 끝판왕 - 국·수·영·과 4합 5

대학	계열	전형	모집	수능최저
고려대	의대	교과-학교추천	30	국수영과(2) 4합 5, 한4
고려대	의대	학종-학업우수	36	국수영과(2) 4합 5, 한4
중앙대	의대	논술	14	국수영과(2) 4합 5, 한4
중앙대	약대	논술	22	국수영과(2) 4합 5, 한4
성균관대	의대	논술	5	국수영과(2) 4합 5
가톨릭대	의대	교과-지역균형	10	국수영과(2절사) 4합 5, 한4
연세대(미래)	의대	교과	15	국수과과 4합 5, 영2, 한4
연세대(미래)	의대	학종	18	국수과과 4합 5, 영2, 한4
영남대	의대	교과	8	국수영과(1) 4합 5, 한4
영남대	의대	교과-면접	8	국수영과(1) 4합 5, 한4
영남대	의대	교과-지역인재	23	국수영과(1) 4합 5, 한4
중앙대	약대	교과-지역균형	6	국수영과(1) 4합 5, 한4
이화여대	의대	학종	13	국수영과(1) 4합 5
이화여대	약대	학종	20	국수영과(1) 4합 5
을지대	의대	교과	5	국수영과(1) 4합 5

매년 고3 수시 상담에서 고1부터 수능최저등급을 맞추지 못해 의대 수시에 실패하는 학생들을 많이 만난다. 내신과 비교과가 의대 입시의 전부라는 말에 현혹돼 수능 준비시기를 놓친 결과다. 의대 입시는 선 수능, 후 내신이다. 공대 학종 전략을 의대 입시에 그대로 적용해서는 안 된다. 공대는 서울대에 못 가면 연세대, 고려대 공대에 가면 되고, 그것도 안 되면 서강대, 성균관대, 한양대 공대에 진학하면 된다. 그것도 힘들면 건국대, 동국대, 인하대, 아주대도 있다. 하지만 의대 입시는 서울권 의대에 진학하지 못하면 기회가 없다고 볼 수 있다. 서울권 의대 합격권이 아니라면 지방 의대도 합격이 어렵기 때문이다. 의대 입시는 기본적으로 수능 성적이 받쳐줘야 하고 내신도 최상위권이어야 한다.

🔍 의학계열을 노리는 수능 약한 일반고 전교 1~5등 주의할 점

일부 학교 교사는 학생부종합전형에서 의학계열과 공대 입시 차이를 무시하는 경향이 있다. 이유는 다양한데, 의대 입시를 잘 모르거나, 어차피 의대 진학 가능성이 없으니 공대라도 준비하라는 오지랖 넘치는 배려, 상위권 학생이 비교과에 소홀해지면 학교 분위기가 망가질 수 있다는 염려, 학교가 수능을 책임질 수 없기 때문에 비교과에 더 비중을 두는 일종의 기만 등이 있다.

따라서 의학계열 진학을 희망하는 학생은

1. 내가 목표로 하는 의학계열 대학의 입시 주요 사항을 표로 정리해본다.
2. 비교과보다 '수능최저기준'이 더 중요하다는 점을 반드시 기억한다.
3. 수능 공부와 내신 공부 비율을 50:50으로 유지한다.

수능 공부 방법은 다른 것이 없다. 고1, 고2 수능 모의고사도 내신처럼 준비하고, 매주 수능 모의고사 1회분을 풀어보고, 학원이나 인터넷 강의를 적극 활용하는 것이다. 중학생이라면 미리 수능에 관련된 준비를 확실하게 하고 고등학교에 진학하는 것이 필요하다.

3) 이상한 의대 수시 준비
· ·

작년 여름, 강원도에 사는 후배가 긴급하게 연락을 해왔다. 딸이 고등학교 2학년이란다. 성적은 전교 2등이고 2학년 1학기까지 내신 평균 등급은 1.3등급 정도, 진학 목표는 의대란다. 이것저것 질문을 좀 해봤다. 그런데 가만히 듣고 있자니 좀 이상하다. 최고 관심사가 '비교과'였기 때문이다. 서울 학생들보다 비교과가 부족해서 걱정이라고 한다. 정말 딸을 사랑하는 아버지의 자연스러운 걱정이다.

하지만 내가 당황한 진짜 이유는 학교에서 의대 진학을 위한 방법을 전혀 제시해주지 않았기 때문이다. 강원도에서 내신 1.3등급, 전교 2등이 의대 진학하는 가장 쉬운 방법은 강원도 지역인재전형을 확실하게 준비하는 것이다. 일단 강원지역 지역인재로 강원의대, 한림의대, 연세원주의대, 가톨릭관동의대에 확실하게 합격하도록 준비하는 것이 좋다.

강원의대와 가톨릭관동의대는 학생부교과전형을 실시한다. 비교과는 보지도 않는 내신 평균등급 전형으로 내신과 수능최저기준만으로 학생을 선발하는 전형이다. 그러니 내신 등급을 올리면서 수능을 준비하면 된다.

연세원주의대와 한림의대의 경우, 학종이지만 수능최저기준이 너무 높아서 이를 맞추지 못한 학생이 다수 발생하는 전형이다. 그래서 사실상 미달에 가까운 상태이다. 그냥 변형된 교과전형이라고 생각하면 된다. 연세원주의대 수능최저기준은 국어+수학+영어+과학1+과학2 중 4합 6등급이다. 한림의대는 더 높아서 국어+수학+영어+과학(2과목 평균) 중 3합이 4등급이어야 한다. 게다가 영어를 포함하게 되면 영어는 반드시 1등급이어야 한다.

지역인재전형은 강원도에 있는 고등학교만 지원이 가능하니, 학생부종합전형도 강원도 학생끼리만 경쟁하는 것이다. 여기서 강원도에 있는 특목고나 자사고가 일단 유리한 고지를 점하는 것은 맞지만 강원도에 특목고는 강원과학고 하나다. 그런데 강원과학고 학생들은 수능 준비를 하지 않기 때문에 연세원주의대나 한림의대가 요구하는 수능최저기준을 맞추기가 어렵다. 다음으로 자사고인데 강원도 전체의 자사고는 민사고 하나다. 민사고도 'AP'라는 대학 선행 학습 중심으로 교육과정이 운영되는 학교로, 사실 수능 공부를 중시하는 학교는 아니다. 나머지는 대부분 일반고이다. 연세원주의대와 한림대가 요구하는 수능최저기준을 맞추기가 쉽지 않다. 공개된 자료는 없지만, 그래서 수능최저기준만 맞추면 거의 합격하는 수준으로 추정된다. 강원지역에서 수능최저기준을 맞추는 학생이 연세원주의대와 한림의대 지역인재 학생부종합전형의 모집인원과 거의 비슷한 숫자일 것이다.

2015학년도 지방의대 지역인재 선발현황(출처: 윤관석 의원실)

대학	지역인재전형 모집인원	지역인재전형 선발인원	비율	대학	지역인재전형 모집인원	지역인재전형 선발인원	비율
충남대	24	25	104.2%	충북대	11	11	100.0%
건양대	25	25	100.0%	순천향대	10	9	90.0%
경북대	5	5	100.0%	을지대	8	7	87.5%
경상대	16	16	100.0%	전남대	26	16	61.5%
계명대	15	15	100.0%	고신대	10	6	60.0%
대구가톨릭대	8	8	100.0%	한림대	4	2	50.0%
동아대	7	7	100.0%	원광대	29	13	44.8%
부산대	30	30	100.0%	전북대	35	14	40.0%
영남대	11	11	100.0%	연세대(미래)	18	4	22.2%
울산대	4	4	100.0%	서남대	10	2	20.0%
인제대	27	27	100.0%	가톨릭관동대	5	0	0.0%
조선대	44	44	100.0%				

위 자료는 윤관석 의원실에서 발표한 2015학년도 지역인재 선발 현황이다. 물론 당시 인원은 지금보다 적었고 시행 초기라서 지금과 조건이 다를 수도 있으나 참고 자료 정도의 가치는 있다. 자료에 따르면 한림의대는 지역인재 정원 4명 중 2명만 선발했다. 나머지는 수능최저를 맞추지 못했다는 의미로 받아들여도 무방하다. 대학 입장에서 굳이 선발하지 않을 다른 이유가 없기 때문이다. 연세원주의대가 18명 모집인데 겨우 4명 선발했다. 심지어 가톨릭관동의대는 5명 모집인데 1명도 선발하지 못 했다. 유독 강원지역만 모집인원의 50%도 채우지 못한 지역이다. 지금보다 수능최저가 더 높았고 초기라서 지원자도 많지 않았을 수도 있지만 지역인재에서 수능최저의 비중이 얼마나 큰지를 보여주는 사례라 할 수 있겠다. 참고로 전북지역의 원광의대도 29명 모집에 13명만 선발해서 선발 비율이 44.8%에 그쳤다. 전남의대, 고신의대, 을지의대, 순천향의대 등이 모집 정원을 못 채웠다.

강원 지역인재 교과

대학	계열	전형명	모집	전형방법	면접	최저기준	해설
강원대	의대	교과지역	14	내신등급 100%	없음	3합 6, 영2, 수학필	2등급
관동대	의대	교과지역	8	내신등급 100%	없음	3합 5(2절사)	1개 1등급
강릉원주	치대	교과지역	2	내신등급 100%	없음	3합 6(1), 수학필	2등급
강원대	약대	교과지역	10	내신등급 100%	없음	3합 8, 영2, 수학필	2등급
강원대	수의	교과지역	6	내신등급 100%	없음	3합 8, 영2, 수학필	2등급

강원 지역인재 학종

대학	계열	전형명	모집	전형방법	면접	최저기준	해설
한림대	의대	학종지역	16	서류 100%(5배수)	수능 후 50%	3합 4(2), 영포함시 1	2개 1등급
연세대(미래)	의대	학종지역	18	서류 80%	수능 후 20%	3개 1등급, 영2, 한4	2개 1등급
강릉원주	치대	학종지역	6	서류 100%(5배수)	수능 후 20%	3합 6(1), 수학필, 한4	2등급
상지대	한의	학종지역	10	내신30%+출결10%+서류60%	없음	3합 5(2절사)	1개 1등급

강원도 학생이 서울지역 의대를 목표로 할 때 비교과가 중요할까? 사실 큰 의미는 없다. 서울지역 의대 학생부종합전형은 선발하는 학생 수가 너무 적다. 서울의대 지역균형은 전교 1등만 도전해볼 수 있는 전형이다. 일단 내신 1등을 차지하는 것이 더 중요하다. 서울의대 일반전형은 서울과학고부터 외대부고, 상산고 등의 특목고, 자사고를 비롯해서 휘문고, 단대부고 등 강남의 고등학교를 포함하는 전국 1,700여 개의 고등학교 학생들이 겨우 50명의 모집인원을 두고 벌이는 각축장이다. 연세의대 학종은 42명을 선발하고 성균관의대는 고작 25명 선발한다. 가톨릭의대는 학종이긴 하지만 학교당 1명만 지원이 가능하니 대부

문제는 수능이다

분의 고등학교에서 1등만 지원한다. 2등부터는 지원 자격이 아예 없는 셈이다. 울산의대가 14명 선발하고 1등급 3개의 수능최저기준을 요구한다. 고려의대는 수능최저기준이 전국에서 가장 높은 공포의 '4 합 5'이다. 사실상 수시의 탈을 쓴 정시이다.

강원지역 학생에게 그나마 유리한 전형은 경희의대 학종인 '네오르네상스전형'인데 여기는 수능최저기준도 없고 일반고 내신 최상위권을 선호하는 경향이 있다. 하지만 문제는 정시와 교과전형을 늘리면서 학종 인원을 55명에서 33명으로 축소했다는 것이다. 55명일 때도 쉽지 않았는데 이제 33명이니 33% 정도 감소한 것이다. 그렇다고 한양의대 학종 39명, 중앙의대 학종 11명을 노리고 비교과에 전력투구를 하는 것은 정말 가성비 떨어지는 일이다. 의대 진학을 위해서는 내신 공부, 수능 공부가 답이다. 비교과는 학교생활에 충실하면 된다. 동아리 참여, 봉사 활동 참여, 일반적인 수행평가 정도만 유지하고 나머지는 내신 성적을 0.1등급이라도 올리는 것이 의대 입시를 위한 학종 준비이다. 이는 지역인재전형이 실시되는 대전, 부산, 광주, 대구, 울산, 충남, 충북, 전남, 전북, 경남, 경북 학생 모두에게 해당하는 전략이다.

> 🔍 **의학계열과 입시의 핵심은 '수능최저기준'이다!**
>
> **학생부교과전형:** 주요과목 내신 평균 등급 + 수능최저기준
>
> **학생부종합전형:** 1단계(대부분의 비중을 차지하는 내신 성적, 일부 영향력이 있는 교내 활동)
>
> + 2단계(면접) + 최종단계(수능최저기준)
>
> **정시:** 수능 총점 = 수능 국어 + 수능 수학 + 수능 과학 - 영어 등급

CHAPTER 2

의학계열
수시와 정시

수시와 정시는 미국에서 수입한 수입품이다. 미국에서는 얼리early와 레귤러 regular라고 부른다. 과거 대학입시는 국가가 실시하는 '나름' 공정한 시험 결과를 바탕으로 대학에 지원하는 방식만 있었다. 그러다가 선진적이라고 평가 받는 미국 입시 제도를 도입하여 수시와 정시로 나눈 것이다. 수시 제도를 시행하는 과정에서 정시의 수능에 해당하는 근거가 필요했다. 수능을 대체할 요소는 학교생활기록부뿐이었다. 학생부는 교과 부분(=내신)과 교과 이외의 부분으로 나뉘는데, 교과 이외의 부분을 줄여서 비교과로 부르게 된 것이다.

수시는 학생부를 중심으로 보고 보조적으로 수능과 면접을 활용한다. 그런데 의학계열 수시는 문과나 이공계열 수시와 달리 수능최저기준을 거의 필수적으로 요구한다. 게다가 최저기준도 상당히 높다. 이것이 공대 수시 준비와 결정적 차이다. 하나고나 민사고에서 서울대에 진학하는 학생은 많으나 의학계열 합격생이 상대적으로 적은 이유가 바로 여기에 있다. 영재학교와 과학고가 의대 진학에 불리한 이유도 수능최저기준 때문이다.

🔍 **공대 학종과 의대 학종의 차이**

공대 학종: 수학과 과학 내신 성적 + 나머지 내신 성적 + 교내 활동 + 면접

의대 학종: 전과목 내신 성적 + 교내 활동 + 수능최저기준(=수능 1~2등급) + 면접

고등학교는 특목고, 자사고, 일반고로 구분할 수 있다. 특목고는 말 그대로 특수목적을 위해 만들어진 고등학교이다. 그래서 수능보다는 특수목적에 맞게 교육과정을 운영한다. 외국어고는 외국어를, 과학고는 과학과 수학을 중심으로 배운다. 체육고는 당연히 체육을, 예술고는 예술을 중심으로 배운다. 그래서 특목고는 수시 학생부교과전형이나 정시 수능위주전형이 아니라 수시 학생부종합전형에 맞추어서 대학에 진학하는 학교라고 볼 수 있다. 과학고 학생이 학교

에서 과학과 수학 위주 과목을 공부하고, 학생부종합전형으로 이공계열 대학에 진학하는 것은 너무나 자연스럽고 편하고 유리하기도 하다. 하지만 이 과정은 의대 진학과 맞지 않다. 그렇기에 수능 준비를 개별적으로 병행해야 한다.

자사고와 일반고의 교육과정은 비슷하다. 하지만 자사고는 특목고처럼 목적이 분명한 교육과정을 운영하는 경우가 있다. 민사고와 하나고가 바로 그런 학교이다. 민사고는 처음부터 외국 명문대 진학을 목표로 교육과정을 운영하는데, 실제로 세계 명문대학에서 민사고의 교육과정을 인정해주고 있다. 토론과 발표 수업이 활발하고 대학의 교육과정을 미리 배우기도 한다. 하나고도 이와 비슷하다고 볼 수 있다. 하지만 이런 교육과정은 여전히 암기와 숙달을 중시하는 수능시험과 맞지 않는다. 그래서 해당 학교의 학생들은 수시 학생부종합전형으로 대학에 진학하는 방식을 유지하고 있다. 하지만 이 방식은 의대 수시와는 맞지 않는다. 의대 학종은 수능최저기준이 있기 때문이다.

🔍 **대입을 중심으로 본 우리나라 고등학교 유형 구분**

수능형 고등학교: 일반고 + 자사고 = 국수영과 중심의 내신과 수능 병행
   대입 = 교과전형 + 학종 + 정시
비수능형 대학 선행 고등학교:
   특목고 + 민사고 · 하나고 = 수능보다 높은 수준의 대학 선행 내신
   대입 = 학종 중심

나머지 자사고와 일반고는 국수영과사 위주의 학교 공부를 하면서 일부 선택과목을 배운다. 고1 과정은 국민공통교과이고 고2 과정이 주로 수능과 연결된 과목이다. 고3 과정은 주로 진로선택과목이기 때문에 수능에 출제되지는 않는다. 이런 교과 과정이기 때문에 수시 교과전형과 학종을 모두 도전해볼 수 있고, 수능을 보는 것도 가능하다.

1) 공학계열 수시와 의학계열 수시의 차이는 무엇일까?

2022학년도 전국 주요 대학 기계공학 수시 교과 전형 결과(출처: 대학어디가)

대학	유형	50% 커트라인	70% 커트라인	모집단위
서울대	학교장추천	1.29	1.37	기계공학부
연세대	교과	1.38	1.45	기계공학부
고려대	교과	1.58	1.68	기계공학부
서강대	교과	1.51	1.57	기계공학
한양대	교과	1.35	1.33	기계공학부
중앙대	교과	1.68	1.73	기계공학부
경희대(국제)	교과	1.86	1.91	기계공학과
서울시립대	교과	1.92	1.92	기계정보공학과
건국대	교과	1.92	2	기계항공공학부
동국대	교과	2.32	2.56	기계로봇에너지공학과
홍익대	교과	2.06	2.12	기계·시스템디자인공학과
숙명여대	교과	2.21	2.23	기계시스템학부
국민대	교과	2.33	2.38	기계공학부
숭실대	교과	2.33	2.09	기계공학부
세종대	교과	2.69	2.82	기계항공우주공학부
단국대	교과	2.64	2.67	기계공학과
인하대	교과	2.31	2.43	기계공학과
아주대	교과	2.53	2.9	기계공학과
한국항공대	교과	2.4	2.5	항공우주 및 기계공학부
서울과기대	종합	2.23	2.49	기계·자동차공학과
부산대	교과	2.14	2.26	기계공학부

대학	유형	50% 커트라인	70% 커트라인	모집단위
경북대	교과	2.74	2.88	기계공학부
전남대	교과	2.69	2.74	기계공학부
충남대	교과	2.96	3.06	기계공학부
충북대	교과	3.34	3.35	기계공학부
명지대	교과	2.81	2.88	기계공학과
인천대	교과	2.81	2.85	기계공학과
전북대	교과	3.51	3.91	기계공학과
대진대	교과	5.06	5.27	기계공학과

공학계열 중 기계공학과를 예로 들어보자. 서울대 기계공학과 충남대 기계공학과는 '커트라인'에서 차이가 크다. 대한민국의 고등학생 중 기계공학과에 진학하고 싶은 학생은 모두 원하는 학과에 갈 수 있다. 단지 대학의 차이만 존재한다. 1등급은 서울대, 2등급은 건국대, 3등급은 충남대에서 기계공학을 배울 수 있다.

하지만 의학은 다르다. 서울의대나 부산에 있는 고신의대나 모두 1등급을 받아야 한다. 2022학년도 '대학어디가(adiga.kr)'에 공개된 교과전형 70% 커트라인을 보면 연세의대가 1.03등급이고, 가장 커트라인이 낮은 곳은 건양의대인데, 여기도 1.48등급이다. 커트라인을 자세히 살펴보면 수능최저가 없는 건양의대 교과면접과 연세의대 추천형이 가장 높은 것을 확인할 수 있다. 반면 수능최저가 높은 전북의대, 영남의대, 건양의대 의대는 가장 낮은 커트라인을 형성하고 있다.

2022학년도 전국 의대 수시 교과전형 결과(출처: 대학어디가)

대학	전형	전형명	계열	50% 컷	70% 컷	수능최저
건양대	교과	일반학생[면접]	의대	1	1	없음
연세대	교과	추천형	의대	1	1.03	없음
순천향대	교과	일반학생	의대	1.03	1.05	4합 6(2)
부산대	교과	학생부교과	의대	1.04	1.06	3합 4(2)
인제대	교과	의예	의대		1.08	3합 4(1), 영2
충남대	교과	일반	의대	1.11	1.14	3합 4(2), 수학 필
강원대	교과	일반	의대	1.09	1.15	국수과과 3합 5, 수학필, 영2
경상대	교과	일반	의대	1.15	1.16	3합 4(1), 수학 필
제주대	교과	일반학생	의대	1.19	1.19	3합 4(2절사), 수학 필
고려대	교과	학교추천	의대	1.16	1.2	4합 5(2)
관동대	교과	교과일반	의대	1.2	1.22	3합 4(2)
전남대	교과	일반	의대	1.24	1.28	4합 5(1)
동국대 (경주)	교과	교과	의대	1.3	1.3	국수과 합4, 영2
충북대	교과	학생부교과	의대	1.3	1.34	3합 4(2), 수학 필
조선대	교과	일반	의대	1.27	1.35	4합 6(1)
을지대	교과	교과성적우수자	의대	1.27	1.37	4합 4(1)
고신대	교과	일반고	의대	1.33	1.37	3합 4(1), 수학 필
연세대 (미래)	교과	교과우수자	의대	1.31	1.38	국수과과 합4, 영2
계명대	교과	일반	의대	1.36	1.38	3합 3(1)
전북대	교과	일반학생	의대	1.39	1.41	4합 5(2절사)
영남대	교과	일반학생	의대	1.47	1.47	4합 5(1)
건양대	교과	일반학생[최저]	의대	1.44	1.48	3합 3(2절사)

의과대학은 '서울의대에 못 가면 중앙의대에 가고, 중앙의대에 못 가면 영남 의대에 가는' 방식이 불가능하다. 서울의대에 들어가지 못할 성적이면 영남의대 에도 못 갈 가능성이 높은 것이다. 의대 수시 교과전형 공식은 간단하다. 1등(보통 일반고 1등이 1.0 ~ 1.1등급)은 연세의대, 건양의대, 순천향의대, 인제의대에 수 능최저를 맞추면 합격 가능성 매우 높다. 2등(1.11 ~ 1.2등급)은 충남의대, 강원의 대, 제주의대, 고려의대 합격 가능성 높다. 물론 수능최저를 맞춰야 한다. 3등 (1.21 ~ 1.3등급)은 수능최저를 맞추면 가톨릭관동의대, 전남의대, 동국경주의대 합격 가능성이 높다. 4등은 나머지 충북의대, 조선의대, 을지의대, 고신의대, 연세원주의대, 계명의대, 전북의대, 영남의대, 건양의대에 합격 가능성이 있다. 5등부터는 교과전형으로 의대 합격 가능성 매우 낮다. 의대 수시 교과전형은 기 계공학과 달리 일반고 위주로 내신 1등부터 5등 이내 학생이 수능최저를 맞춘 다는 전제조건 아래서 당락이 결정되는 '변형된 수능위주 내신 1, 2등 전형'이라 는 것이다.

학종의 경우도 마찬가지다. 선택이나 전공적합성이나 다른 어떠한 조건보다 성적이 1등급인 것이 더 결정적이다. 일단 1등급을 받지 않으면 의대 진학이란 성립하지 않는다. 내신이든 수능이든 둘 중 하나는 1등급을 받아야 한다. 비교 과보다 성적이 우선이다. 전공적합보다 성적이 우선이다. 먼저 기계공학과 학 종의 결과를 보자.

2022학년도 주요 대학 기계공학과 수시 학종 결과(출처: 대학어디가)

대학	구분	학과	50% 컷	일반고	자사고	특목고	70% 컷
고려대	학종(학업우수)	기계공학부	1.85				1.95
중앙대	학종(다빈치)	기계공학부	1.92				2.01
연세대	학종(활동우수)	기계공학부	1.88				2.1

대학	구분	학과	50% 컷	일반고	자사고	특목고	70% 컷
부산대	학종	기계공학부	2.36				2.43
인하대	학종	기계공학과	2.45				2.57
홍익대	학종	기계·시스템디자인공학	2.48				2.61
서울대	학종	기계공학부	2.43				2.69
한국항공대	학종	항공우주 및 기계공학부	2.6				2.75
세종대	학종	기계항공우주공학부	2.86				2.96
국민대	학종	기계공학부	2.99				3.12
한양대	학종	기계공학부	1.83				3.13
서울과기대	학종	기계·자동차공학과	2.95				3.15
전남대	학종	기계공학부	3.08				3.17
단국대	학종	기계공학과	2.9				3.18
서강대	학종	기계공학	2.54				3.21
아주대	학종	기계공학과	3.23				3.3
숭실대	학종	기계공학부	3.19				3.32
서울시립대	학종	기계정보공학과	2.79	2.64	5.0	5.28	3.55
명지대	학종	기계공학과	3.36				3.57
숙명여대	학종	기계시스템학부	3.47				3.72
건국대	학종	기계항공공학부	3.63				3.8
전북대	학종	기계공학과	3.73				3.84
동국대	학종	기계로봇에너지공학	2.77				3.85
경북대	학종	기계공학부	3.32				3.88
충북대	학종	기계공학부	3.86				4.02
대진대	학종	기계공학과	5.05				5.25

기계공학과의 경우 고려대가 1.95등급으로 가장 높다. 중앙대, 연세대가 2.01, 2.1등급이다. 여기서 눈여겨볼 것은 서울대가 홍익대보다 낮은 커트라인

을 보인다는 점이다. 물론 홍익대 기계공학과가 서울대 기계공학과보다 높을 리는 없다. '대학어디가'에 발표되는 숫자는 최종 등록 학생 중 70%에 해당하는 학생의 내신 성적만을 발표하도록 되어 있다. 그러니까 10명이 등록했다면 7등의 성적 등급을 발표하는 것이다. 서울대도 홍익대도 등록한 학생 중 70%에 해당하는 학생의 내신 성적을 등급으로 발표해야 한다. 이렇게 발표된 서울대 등록생의 성적이 홍익대 등록생 보다 낮은 이유는 단 하나, 홍익대 등록 학생은 일반고 출신이고 서울대 등록학생은 과학고나 내신이 어려운 자사고 학생인 것이다. 2022학년도 신입생 기준 서울대에 등록한 과학고 학생은 전체 학종 등록자 1,574명 중 과학고 출신은 115명(7.3%)이고 자사고 출신이 264명(16.8%)이다. 물론 영재학교 출신이 304명(19.3%)으로 가장 많다. 반면 일반고와 자공고(자립형 공립고등학교) 출신은 446명(28.3%)과 31명(2%)로 전국 대학 중에 가장 낮다. 서울대 학종은 이미 기울어진 운동장이다. 그러나 이런 이유로 마냥 서울대를 비난할 수는 없다. 왜냐하면 서울대는 일반고 학생을 위한 지역균형이라는 나름대로의 장치를 마련하고 있기 때문이다. 하지만 전교에서 2명만 추천을 받을 수 있기 때문에 일반고 3등부터는 사실상 서울대 수시 합격이 매우 어려운 것이 현실이다. 그런데 이런 사실은 학생이나 학부모들에게 제대로 전달되지 못하는 것이 현실이다. 서울대 수시는 사실상 양분되어있다. 지역균형은 일반고, 일반전형은 특목고와 자사고로. (단. 의대는 제외이다. 의대는 2022학년도에 영재학교에서 5명을 선발하고 과학고에서는 한 명도 선발하지 않았다. 의대는 특목고에 문호가 개방되어 있지는 않다. 다만 자사고 선호 현상은 여전하다.)

2022학년도 서울대 수시 전형별 입학생 출신 고등학교 유형(출처: 서울대학교 자료집)

전형 \ 유형	일반	자공	자사	과학	영재	외국어	국제	예/체고	특성화	검정	기타(외국고 등)	계
지역균형	581	52	17	–	–	–	–	8	1	–	–	659
	88.2	7.9	2.6	–	–	–	–	1.2	0.2	–	–	
일반	446	31	264	115	304	213	48	139	1	8	5	1,574
	28.3	2.0	16.8	7.3	19.3	13.5	3.0	8.8	0.1	0.5	0.3	
기회균형 I	82	7	9	4	1	5	–	3	4	1	1	117
	70.1	6.0	7.7	3.4	0.9	4.3	–	2.6	3.4	0.9	0.9	
계	1,109	90	290	119	305	218	48	150	6	9	6	2,350
	47.2	3.8	12.3	5.1	13.0	9.3	2.0	6.4	0.3	0.4	0.3	

반면 2022학년도 홍익대 학종 통계에 따르면 전체 839명 중 일반고가 624명으로 무려 74.4%에 달한다. 홍익대의 특성상 예술고·체육고가 142명(16.9%)인 것을 감안하면 거의 일반고 중심이다. 실제로 홍익대는 과학고 0명, 외고와 국제고를 합해서 10명, 자사고 12명이 전부였다. 여기에 학종의 비밀이 숨어 있다. 서울대, 연세대, 고려대 등 소위 명문대는 일반고가 아닌 특목고와 자사고를 선별해서 뽑기 때문에 일반고 위주로 지원하는 교과전형과 커트라인에서 차이를 보인다. 즉, 교과전형은 일반고 위주기 때문에 커트라인이 대학의 유명세와 일치하고, 학종은 특목고와 자사고를 선호하기 때문에 단순 내신 커트라인으로 비교하는 것은 무의미하다. 명문대가 학종 커트라인이 낮은 경우, 특목고나 자사고 출신의 비율이 높다고 생각하면 된다. 위 표에서도 70% 커트라인이 2등급대인 대학은 연세대부터 세종대까지 뒤죽박죽이다. 상위권 대학인데 커트라인이 낮으면 특목고나 자사고 학생이 많으니 숫자만 보고 지원하는 것은 위험하겠다고 생각해야 한다.

'대학알리미(academyinfo.go.kr)'에 들어가면 대학별 공시가 올려져 있다. 여기서 신입생 출신 고교 유형 비율 공시는 의무 사항이다. 이를 바탕으로 반드시 내신 등급과 고교 유형별 합격 비율을 같이 체크해야 한다. 개인적으로 서울시립대는 정말 훌륭하게 정보를 공개하고 있다고 생각한다. 서울시립대가 발표한 자료에 따르면 서울시립대 학종에 최종 등록한 학생들의 성적을 발표하면서 일반고 등록생의 평균과 자사고, 특목고 학생의 평균 등급을 구분해서 알려주고 있다. 이런 자세한 정보 공개는 학종에 대한 '헛된 망상'이나 '신기루'를 없애는 데 도움이 된다. (60쪽 표 참고)

결론적으로 기계공학과 학종은 학생들 입장에서 보면 수시 6회의 기회를 다양하게 구성할 수 있다. 서울대가 아니면 고려대, 고려대가 아니면 중앙대, 중앙대가 아니면 건국대, 건국대가 불확실하면 단국대에 지원하면 합격할 가능성이 높아지기 때문이다.

하지만 의대 학종은 완전히 다르다. 표를 참고해보자. 의대 학종의 경우 70% 커트라인을 기준으로 1등급대를 벗어나는 대학은 가천의대, 경북의대, 한양의대 뿐이다. 충북의대는 1.07등급이고, 순천향의대는 1.09등급, 성균관의대가 1.14로 뒤를 잇고 있다. 원광대 1.17, 전북의대 1.28. 사실상 의대 교과 전형과 차이가 없다. 이화의대가 1.3, 연세의대가 1.31, 가톨릭관동의대 1.31, 인하의대 1.32 등이다. 의대 학종이 기계공학과 학종과 다른 점이 있다면, 일반고, 자사고, 특목고가 모두 각축을 벌이는 의대 학종은 기계공학과 학종과 달리 어느 고등학교라도 전교 최상위권이 아니면 불가능하다는 점이다. 전교 최상위 내신 성적은 기본이고, 세특이나 동아리 등의 활동마저 완벽해야 한다는 점이다. 교과 전형은 전교 최상위권이면 충분하지만, 학종은 거기에 추가로 다양한 활동이 결합되어야 한다. 하지만 기본적으로 내신 최상위권이 아니면 안 된다. 의대 학종은 '선 내신 최상위, 후 비교과'라면 기계공학과 학종은 '내신과 비교과 동시'라는 말이다.

2022학년도 전국 의대 수시 학종 결과(출처: 대학어디가)

대학	구분	전형명	계열	50% 컷	70% 컷	수능최저
충북대	종합	학생부종합 I	의대	1.02	1.07	없음
순천향대	종합	일반학생	의대	1.09	1.09	없음
성균관대	종합	학과모집	의대	1.09	1.14	없음
원광대	종합	서류면접	의대	1.13	1.17	3합 6(2), 수학 필
전북대	종합	큰사람	의대	1.25	1.28	4합 7(2)
이화여대	종합	미래인재	의대	1.2	1.3	4합 5(1)
연세대	종합	활동우수형	의대	1.18	1.31	국수과과 2개 1등급, 영3, 한4
가톨릭관동대	종합	CKU종합	의대	1.3	1.31	3합 5(2)
인하대	종합	인하미래인재	의대	1.21	1.32	없음
전남대	종합	고교생활우수자	의대	1.26	1.32	4합 6(1)
충북대	종합	학생부종합 II	의대	1.33	1.33	3합 5(2), 수학 필
단국대(천안)	종합	DKU인재	의대	1.21	1.34	3합 5(2), 수학 필
한림대	종합	학교생활우수자	의대	1.27	1.36	3합 4(2), 영 포함 시 필 1
연세대(미래)	종합	학교생활우수자	의대	1.33	1.37	국수과과 3합 4, 영2, 한4
서울대	종합	일반	의대	1.18	1.42	없음
동국대(경주)	종합	참사람	의대	1.6	1.6	국수과(1) 합 4
건국대(글로컬)	종합	Cogito자기추천	의대	1.24	1.64	3합 4(2), 한4
고려대	종합	학업우수형	의대	1.47	1.65	4합 5(2), 한4
중앙대	종합	탐구형인재	의대	1.62	1.74	없음
계명대	종합	일반	의대	1.77	1.77	3합 4(1)
중앙대	종합	다빈치형인재	의대	1.83	1.9	없음
고려대	종합	계열적합형	의대	1.79	1.94	없음
가천대	종합	가천의약학	의대		2	3개 1등급(2절사)
경북대	종합	일반학생	의대	1.7	2.5	3합 3(2)
한양대	종합	일반	의대	2.1	2.86	없음

기계공학과는 내신이 아주 최상위가 아니라도 수학과 과학 성적이 우수하고 진로에 대한 비전을 가지고 다양한 활동을 했다면 서울대가 아니면 중앙대, 중앙대가 아니면 건국대 합격이 가능하지만 의대는 일단 내신 최상위가 아니면 비교과가 아무리 좋아도 못 가는 것이다. 의대 학종에서도 내신의 지배력은 기계공학과 학종과 다르게 절대적이다. 의대 학종에서 비교과란 일단 1등, 2등이 되고 다른 고등학교 1등, 2등과 비교할 때 의미가 있는 것이다. 여기에 수능최저가 따라 붙는다. 의대 학종은 1순위가 전교 1등 확보이고 2순위가 수능최저 확보이다. 그리고 이런 조건을 충족한 후 비교과를 보는 것이다. 그래서 의대 준비의 기본은 수능 1등급인 셈이다. 그래야 혹시 내신이 나빠도 정시로 지원할 수 있는 기회를 얻을 수 있기 때문이다.

기본적으로 위 두 가지 조건을 확인하지 않고 의대 학종을 말한다면, 그 사람은 의대 입시를 모르거나, 사적 이익(학원 수강 유도, 학교 시스템 유지)을 위해 의대 학종을 왜곡하는 것이라 생각한다.

의대를 목표로 하고 있다면 애초에 비교과로 내신을 만회한다는 생각 자체를 버려야 한다. 내신이 부족하다면 차라리 비교과에 허비할 시간을 내신을 올리는 데 쏟아 붓는 것이 맞다. 학종 입시결과를 보면 대부분 의대 학종도 70% 커트라인이 1.5등급 이내이다. 1.5등급을 초과하는 결과를 보인 대학은 건국충주의대, 고려의대, 중앙의대, 계명의대, 가천의대, 경북의대, 한양의대 정도인데, 모두 수능최저가 아주 높거나 특목고, 자사고 선호 대학들이다. 고려의대와 계명의대, 경북의대는 수능최저가 의대 학종 중에 가장 높은 대학들이다. 한양의대, 중앙의대, 가천의대는 고등학교의 인지도를 중시하는 대학들이다. 무엇보다 70% 커트라인이 가장 낮은 한양의대도 2.86등급이다. 만약 이 학생이 세종과고 학생이라면 역시 내신은 최상위에 속하는 셈이다. 민사고, 하나고 학생이라도 전교 상위권에 해당하는 성적이다. 만약 혹시라도 일반고 2.86등급 학생이 한양의대 학종에 합격한 것이라면 30년에 한 번 나올까 말까하는 경우이다. 그런데 이를 일반화해서 의대 학종을 포기하지 말라고 조언하며 비교과 상품을 판매하거나 '세특'에 주력하라고 조언하는 것은 정말 최악의 사기다. 정상적인 입시 준비를 돕는다는 것은 적어도 80% 정도의 가능성은 갖춰야 한다. 의대 입시에는 수시만 있는 것도 아닌데 이런 방식으로 학생을 현혹하는 것은 옳지 못한 것이다.

2) 의대 교과전형과 의대 학종은 무엇이 다른가?

의대 교과전형은 내신 등급을 숫자로 반영하기 때문에 학교 간 구분도 필요 없이 내신 평균 등급이 높으면 된다. 그래서 내신 등급 따기가 유리한 고등학교가 절대적으로 유리하다. 내신 등급을 잘 받으려면 일단 전교 학생의 숫자가 많은 것이 좋다. 100명이면 1등급이 4명이지만 300명이면 12명까지 1등급이다. 다음으로, 당연한 말이지만 공부 잘 하는 학생들이 많지 않아야 한다. 강남의 일반고가 전교 학생 수는 많지만 내신 등급 확보에 어려움을 겪는 이유가 상위권 학생이 많기 때문이다. 이런 측면에서 교과 전형에 가장 유리한 곳은 경기 수원시, 경기 고양시, 경기 성남시와 같이 아파트 밀집 지역이면서 강남보다는 상위권 학생이 많지 않은 지역들이다. 반대로 지역 소도시나 군단위 지역 학생들은 상위권 학생 밀집도는 낮지만 전교 학생 수가 너무 작아서 오히려 불리하다(사실 지방의 일반고 학생들은 내신 따기 쉽다는 오해를 받는데, 매우 억울한 일이다). 자사고나 특목고는 교과전형 지원 자체가 어렵다. 일단 내신 따기가 나빠서 내신 평균 등급이 나쁘기 때문에, 무조건 평균등급이 높은 일반고 1등에게 밀린다.

외대부고가 이과생을 따로 선발하던 시절, 외대부고 이과 전교 1등은 내신 평균 등급이 1.7등급일 때도 있었고 나쁠 때는 1.9등급인 경우도 있었다. 인원도 150 명이고 상위권 밀집도는 전국에서 가장 높으니 당연한 결과이다. 그러니 외대 부고에서 교과전형에 원서를 내는 경우는 없다. 교과전형은 단순하게 반영과목의 평균 등급을 계산해서 숫자로 우열을 가리기 때문에 학종처럼 선택한 과목의 경중을 따지지도 않는다.

　반면 학종은 '학교 이름값'이 작용한다. 그래서 교과전형 결과보다 내신이 낮은 경우도 많다. 한양의대 학종은 심지어 70% 커트라인이 2.86등급까지 내려간다. 학종의 경우 교과전형과 달리 특목고나 자사고 학생이 많이 포함되기 때문에 교과전형에 비해 커트라인이 낮은 것은 당연한 일이다. 하지만 이를 '입시가 쉽다'고 볼 수 있을까? 연세의대를 비교해보면 교과전형 70% 커트라인은 1.03이었는데 학종은 1.31등급이다. 당연하지만 교과전형은 일반고 위주이고 학종은 특목고와 자사고가 포함되어 있다. 그런데 여기에서 주목할 점이 있다. 특목고와 자사고가 포함되었음에도 불구하고 1.31등급이란 점이다. 1.31등급이면 일반고에서는 전교 3등 수준이다. 자사고인 외대부고의 경우 전교 1등도 1.31등급 받기 쉽지 않다. 민사고도 어려울 것이다. 하나고도 전교생이 200명이니 쉽지 않다. 상산고는 거의 400명에 가까우니 아마도 전교 1등이면 1.31등급이 나올 수도 있다. 세종과고 160명인데 1등을 해도 1.31등급이 안 나올 수도 있다. 강남구의 350명 이상인 고등학교 전교 1등이나 2등이 1.31등급 이내에 들 수 있다. 이처럼 아무리 특목고, 자사고라도 전교 1등이나 2등이 아니면 연세의대 학종에 합격하기 어렵다. 의대 입시에서 비교과로 내신을 뒤집을 수 없다는 것을 다시 한번 확인할 수 있다.

　의대 입시의 교과와 학종의 차이는 비교과가 반영되느냐 아니냐의 차이가 아니다. 전교 1~5등이 아니면 애초에 수시로 의대를 지원하는 것은 어렵다. 의대 입시에서 교과와 학종의 차이는 교과전형은 일반고 간의 경쟁이고 학종은 일반고, 특목고, 자사고 간의 경쟁이란 점이다.

의대 교과전형과 의대 학종의 차이

의대 교과전형: 일반고 전교 1~5등의 경쟁

- 사실상 수능최저가 가장 큰 변수

의대 학종: 특목고, 자사고 전교 1~10등, 일반고 전교 1~3등의 경쟁

- 학교 이름값이 어느 정도 작용
- 같은 고교 내에서는 내신 등수가 더 중요

CHAPTER 3

의학계열
지역인재와
전국모집
일반전형

FACT CHECK

'지방 대학 및 지역 균형 인재 육성에 관한 법률'에 의거, 강원도와 제주도는 모집인원의 20% 이상, 대전 · 충남 · 충북, 광주 · 전남 · 전북, 대구 · 경북, 부산 · 울산 · 경남 지역은 모집인원의 40% 이상을 자기 지역에서 선발해야 한다. 모집인원이 100명이면 '최소' 40명은 자기 지역에서 선발해야 하는 셈이다. 서울과 수도권(경기도와 인천)은 지역인재 선발이 불가하다. 그래서 서울 대치동에서 부산 해운대로 이사 가는 것을 고민하는 강남 엄마들이 늘어나고 있다. 현실적인 문제이다.

일단 지역인재가 실시되는 지역의 학생들에게는 의학계열 진학이 쉬워졌다. 무서운 서울 애들과 경쟁을 하지 않아도 된다. 지역인재 인원은 수시에 주로 배치된다. 물론 정시에 인원을 배분해도 된다.

몇 년 전에 부산에 갔을 때 많은 엄마들이 질문했다. '부산에 사는 학생인데 포항제철고로 진학하는 것이 의대 진학에 유리하나요?' 절대 아니다. 부산은 지역인재로 '부산 · 울산 · 경남'에 해당하고 포항제철고는 '대구 · 경북'에 해당한다. 그런데 '부 · 울 · 경'지역이 지역인재 인원이 가장 많은 지역이다. 그리고 지역인재는 학생부종합전형보다 학생부교과전형이 더 많기 때문에 교과전형 지원이 거의 불가능한 자사고보다는 교과전형과 학종을 모두 노리는 것이 가능한 일반고가 더 유리하다. 다행인지 요즘은 이런 질문을 하는 엄마들이 거의 없어졌다.

1) 지역인재전형은 교과전형이 72%

· ·

지역인재전형은 학종이 아니라 교과전형 중심이다. 그러니 굳이 학종 준비에 너무 많은 신경을 쓸 필요가 없다. 비교과보다는 내신과 수능최저 준비에 더 많은 시간을 할애해야 한다.

부 · 울 · 경 지역인재 교과전형

대학	계열	전형명	모집	전형방법	면접	최저기준	비고
부산대	의대	학생부교과지역	30	내신등급 80% 서류 20%	없음	3합 4(2), 수학필, 한4	2개 1등급
인제대	의대	지역인재 1	28	내신 100%(5배수) 면접 20%	수능 후	4(1), 각 2등급	모두 2등급
동아대	의대	지역인재교과	28	내신등급 100%	없음	4합 6(1)	최소 2등급
경상대	의대	학생부교과지역	24	내신등급 100%	없음	3합 5(1), 수학필	1개 1등급
고신대	의대	지역인재	25	내신 100%(10배수) 면접 10%	수능 후	3합 4(1)	2개 1등급
부산대	치대	학생부교과지역	10	내신등급 100%	없음	3합 4(1), 수학필, 한4	2개 1등급
부산대	한의	학생부교과지역	15	내신등급 100%	없음	3합 4(1), 수학필, 한4	2개 1등급
동의대	한의	학생부교과지역	9	내신등급 100%	없음	국수영 합 5	1개 1등급
부산대	약대	학생부교과지역	10	내신등급 100%	없음	3합 4(1), 수학필, 한4	2개 1등급
인제대	약대	지역인재 1	10	내신 100%(5배수) 면접 20%	수능 후	4합 9(1)	3개 2등급
경상대	약대	학생부교과지역	7	내신등급 100%	없음	3합 6(1), 수학필	최소 2등급
경성대	약대	지역인재	19	내신등급 100%	없음	3합 5(1)	1개 1등급
경상대	수의	학생부교과지역	22	내신등급 100%	없음	3합 6(1), 수학필	최소 2등급

대전 · 충청지역 교과

대학	계열	전형명	모집	전형방법	면접	최저기준	비고
순천향	의대	교과지역	30	교과 100%	없음	4합 6(1)	2개 1등급
충남대	의대	교과지역	20	교과 100%	없음	3합 4(2), 수학필	2개 1등급
충북대	의대	교과지역	7	교과 100%	없음	3합 5(2), 수학필	1개 1등급

대학	계열	전형명	모집	전형방법	면접	최저기준	비고
을지대	의대	교과지역	19	교과 95%	수능 후 5%	4합 6(1)	2개 1등급
건양대	의대	교과지역면접	10	교과 100%(5배수)	수능 전 20%	없음	
건양대	의대	교과지역	10	교과 100%(5배수)	수능 후 20%	3합 4(2절사)	2개 1등급
건국대 (글로컬)	의대	교과지역	12	교과 100%(3배수)	수능 후 20%	3합 4(2절사), 한4	2개 1등급
세명대	한의	교과지역	18	교과 100%	없음	국수영 합 5	1개 1등급
대전대	한의	교과지역	20	교과 90%+출결10%	없음	3합 6(2)	2등급
충남대	약대	교과지역	7	교과 100%	없음	수영과(2) 합 5	1개 1등급
충북대	약대	교과지역	5	교과 100%	없음	3합 8(2), 수학 필	2등급
고려대 (세종)	약대	교과지역	4	교과 100%(5배수)	수능 전 30%	3합 5(2)	1개 1등급
충남대	수의	교과지역	8	교과 100%	없음	수영과(2) 합 6	2등급
충북대	수의	교과지역	5	교과 100%	없음	3합 8(2)	2등급

광주 · 전라지역 교과

대학	계열	전형명	모집	전형방법	면접	최저기준	비고
전남대	의대	교과지역	67	교과 100%	없음	3합 5(2절사), 수학필	1개 1등급
전북대	의대	교과지역전북	43	교과 100%	없음	4합 6(2절사)	2개 1등급
조선대	의대	교과지역	42	교과 90%+출결 10%	없음	3합 5(1) 수학필	1개 1등급
조선대	치대	교과지역	24	교과 90%+출결 10%	없음	3합 6(1)	2등급
전남대	치대	교과지역	12	교과 100%	없음	3합 6(1)	2등급
전북대	치대	교과지역전북	17	교과 100%	없음	3합 5(1) 수학필	1개 1등급
동신대	한의	교과지역	15	교과 80%+출결 20%	없음	3합 5(1)	1개 1등급
우석대	한의	교과지역	12	교과 100%(4배수)	수능 전 30%	3합 7(1), 수학필	2등급
전남대	약대	교과지역	25	교과 100%	없음	3합 7(1)	2등급
전북대	약대	교과지역	14	교과 100%	없음	3합 7(1), 수학필	2등급

대학	계열	전형명	모집	전형방법	면접	최저기준	비고
목포대	약대	교과지역	8	교과 90%+출결 10%	없음	3합 7(1)	2등급
조선대	약대	교과지역	24	교과 90%+출결 10%	없음	3합 7(1)	2등급
우석대	약대	교과지역	19	교과 100%(4배수)	수능 전 40%	3합 7(1), 수학필	2등급
전남대	수의	교과지역	14	교과 100%	없음	3합 7(1)	2등급
전북대	수의	교과지역전북	15	교과 100%	없음	3합 7(1), 수학필	2등급

제주 지역 교과, 지역 학종 없음

대학	계열	전형명	모집	전형방법	면접	최저기준	비고
제주대	의대	교과지역	7	교과 100%	없음	3합 6(2절사), 수학 필	2등급
제주대	약대	교과지역	10	교과 100%	없음	3합 7(2절사), 수학 필	2등급
제주대	수의	교과지역	9	교과 100%	없음	3합 7(2절사), 수학 필	2등급

2) 지역인재학종도 '내신'과 '수능최저'가 더 중요

　　지역인재학종도 사실은 비교과 등의 학종 고유의 성격보다는 '수능최저전형'에 가깝다. '부·울·경'지역만 보면 특목고는 한국과학영재학교, 부산과학고, 부산일과학고 등 3개 학교, 전국자사고로 현대청운고, 마지막으로 광역자사고인 해운대고가 있다. 사실상 영재학교와 과학고는 수능최저가 있기 때문에 의학계열 진학이 쉽지는 않다. 그럼 현대청운고와 해운대고를 제외하고는 일반고 잔치이다. 그러니 비교과 같은 교과 성적 이외의 요소가 영향을 미칠 가능성이 거의 없다. 내신 성적이 가장 결정적인 요소인 셈이다. 비교과에 신경 쓰지 말고 오히려 수능최저 준비하는 것이 더 중요하다. 이점이 일반적인 학종과 지역인재학종의 차이점이다.

일반고 1등은 비교과와 무관하게 수능최저 맞추면 합격 가능성이 크다. 일반고 2등 중에서는 내신 등급이 더 좋은 학생이 합격할 가능성이 크다. 그냥 내신이 비교과다. 학교간의 이름값 차이가 크지 않다는 점이 일반적인 학종과 지역인재학종의 차이점이다. 지역 내에는 고등학교 간의 차이가 그리 크지 않기 때문이다. 내신의 영향력이 전국 모집 학종에 비해 더 크게 작용한다.

부·울·경 학종 지역인재

대학	계열	전형명	모집	전형방법	면접	최저기준	비고
울산대	의대	학종지역	13	서류 100%(5배수)	수능 후 50%	3합 3(2 반올림), 한4	3개 1등급
부산대	의대	학종지역	30	서류 100%(4배수)	수능 후 20%	3합 4(2), 수필, 한4	2개 1등급
경상대	의대	학종지역	3	서류 100%(3배수)	수능 후 20%	3합 5(1), 수필	1개 1등급
부산대	치대	학종지역	19	서류 100%(4배수)	수능 후 20%	3합 4(1), 수필, 한4	2개 1등급
부산대	약대	학종지역	14	서류 100%(3배수)	수능 후 20%	3합 4(1), 수필, 한4	2개 1등급
경상대	약대	학종지역	4	서류 100%	없음	3합 7(1), 수필	최소 2등급

대전·충청지역 학종

대학	계열	전형명	모집	전형방법	면접	최저기준	비고
순천향대	의대	학종지역	7	서류 100%(4배수)	수능 후 30%	없음	

광주 · 전라지역 학종

대학	학과	전형명	모집	전형방법	면접	최저기준	비고
원광대	의대	학종지역광주전남	10	서류 100%(5배수)	수능 후 30%	3합 6(1), 수학필	2등급
원광대	의대	학종지역전북	33	서류 100%(5배수)	수능 후 30%	3합 6(1), 수학필	2등급
원광대	치대	학종지역광주전남	10	서류 100%(5배수)	수능 후 30%	3합 6(1), 수학필	2등급
원광대	치대	학종지역전북	22	서류 100%(5배수)	수능 후 30%	3합 6(1), 수학필	2등급
원광대	한의	학종지역광주전남	9	서류 100%(5배수)	수능 후 30%	3합 6(1), 수학필	2등급
원광대	한의	학종지역전북	11	서류 100%(5배수)	수능 후 30%	3합 6(1), 수학필	2등급
원광대	약대	학종지역광주전남	7	서류 100%(5배수)	수능 후 30%	3합 7(1), 수학필	2등급
원광대	약대	학종지역전북	11	서류 100%(5배수)	수능 후 30%	3합 7(1), 수학필	2등급
목포대	약대	학종지역	3	서류 100%(6배수)	수능 전 20%	3합 7(1), 수학필	2등급

지역인재 의대 모집을 실시하는 지역에서 전교 1~5등에게 의대 학종을 준비하라고 하는 것은 오히려 독이다. 학종으로 가는 학생은 냉정하게 전교 1등뿐이다. 서울의대 지역균형, 가톨릭의대 학교장추천, 고려의대 학교추천, 경희의대 학종 정도만 비교과가 영향력을 미친다. 이런 상황에서 고작 25명을 선발하는 성균관의대나 14명 선발하는 울산의대 학종을 준비하라는 것은 어쩌면 책임감 없는 조언이지 않을까?

의대 가고 싶으면 재수, 삼수라도 해서 의대 진학을 노려야 하는 것이 맞다. 이정도 각오가 없으면 의대 합격은 사실상 어렵다. 대부분 자사고나 강남 지역 학생들의 의대 진학 비율이 높은 것도 목표가 확고하기 때문이다. 목표가 뚜렷한 학생들은 고1 때 수시로 의대 진학을 위해 최선을 다한다. 만약 고1 내신으로 수시 진학이 어렵다는 판단이 섰다면 바로 2학년부터 정시를 준비한다. 수능 결과가 좋아서 정시로 수능을 합격한다면 좋은 일이고, 만약 떨어지면 재수를 한다. 재수에서도 의대 입시에 실패하면 아쉽지만 정시로 상위권 대학의 이공계로 진학하면 되기 때문에 타격이 아주 크지 않다. 그러니 이런 학생들은 솔직하게 그 학생의 현 상태에 맞는 진학 설계를 해주는 것이 무엇보다 중요하다.

CHAPTER 4

의학계열
교과와 학종

FACT CHECK

1) 내신 반영 '과목'이 다르다

교과전형은 주요과목 위주로 내신을 반영하고, 학종은 전과목을 반영한다. 내신이 다 좋은데 기술·가정 1과목 성적이 좋지 않은 경우, 교과전형에는 문제가 없지만 학종에는 치명적일 수도 있다. 흔히 교과와 학종의 차이를 비교과의 차이로 생각하는 경우가 많은데 의학계열의 내신 반영 과목의 차이가 더 중요하다. 대부분의 학생들은 전과목 반영하는 경우보다 주요과목만 반영하면 내신이 상승한다. 점수가 좋지 않은 과목이 내신 반영 과목에서 빠지는 경우도 있기 때문이다.

🔍 교과전형과 학종, 과목의 차이

학생부교과전형

- '국수과'만 반영하는 대학: 인제의대
- '국영수과'만 반영하는 대학: 가천의대, 가톨릭관동의대, 건국충주의대, 건양의대, 경희의대, 계명의대, 대구가톨릭의대, 동국경주의대, 동아의대, 인하의대
- '국영수과사'만 반영하는 대학: 가톨릭의대, 강원의대, 경북의대, 부산의대, 순천향의대, 연세의대, 영남의대, 전남의대, 전북의대, 조선의대, 충남의대, 충북의대
- '전 과목' 반영하는 대학: 고려의대

학생부종합전형

- 모두 '전 과목' 반영

2) 내신 반영 '방법'이 다르다
. . . .

교과전형은 내신 등급만 반영한다. 같은 고등학교라면 100점 1등급과 93점 1
등급은 동점으로 처리된다. 학교 간의 차이도 인정하지 않는다. 외대부고 1등
급과 세종과학고 1등급은 동점이다. 상산고 1등급과 대진여고 1등급도 동점이
다. 컴퓨터가 오로지 과목별 등급만을 추출하여 단위수를 곱한 평균 등급을 내
고, 그 순서대로 합격자를 발표한다. 자사고나 소위 명문고 학생들에게는 불리
한 조건이다. 여기서 '의대 교과는 일반고에게 유리하다'라는 말이 나왔다.

반면 학종은 등급만이 아니라 원점수와 평균, 표준편차를 종합적으로 평가한
다. 같은 1등급이어도 평균과 원점수, 표준편차를 고려해서 우열을 가린다. 1등
급이어도 원점수를 1점이라도 더 받아야 한다. 수학과 국어가 1등급 최하위인
학생보다 수학은 100점 1등급이고 국어는 92점으로 아깝게 2등급 받은 학생이
더 높게 평가받을 수도 있다. 원점수가 100점을 받았어도 평균이 80인 학교의
100점과 평균이 59점인 학교의 100점은 다르게 평가된다. 당연히 평균이 59점
인 학교의 100점이 더 높게 평가 받는다. 수학이 100점으로 압도적 1등이고 국
어는 겨우 90점 2등급 받은 학생과 수학이 겨우 2등급이고 국어가 100점으로 압
도적 1등인 학생 중에 대부분의 의대는 수학이 100점인 학생을 선호할 것이다.
그런데 교과전형에서는 이 둘의 차이를 알 수 없다. 이처럼 교과전형과 학종의
결정적 차이는 내신을 반영하는 방법의 차이이다.

> 학종은 학교의 종류와 교육과정의 차이를 인정한다.
> 교과 전형은 오로지 교과 반영에서 평균 등급과 진로 선택의 경우 성취도(A, B, C)
> 위주로 반영한다.

CHAPTER 5

의학계열 입시와 공학계열 입시의 차이

FACT CHECK

수시 교과전형(이하 교과)과 정시에서 의학계열과 공과계열 입시의 차이는 당연하지만 요구 점수다. 교과에서는 내신 평균 등급이, 정시에서는 국어, 수학, 과학의 총점에서 차이가 난다.

교과는 대부분 의대나 공대나 수능최저기준을 반영하지만, 의대 수능최저기준이 더 높고, 정시에서도 의학계열이 더 높은 수능 성적을 요구한다. 요건은 비슷하지만, 조건은 더 높은 점수라고 생각하면 쉽다. 반면 학종에서는 의학계열과 공학계열 입시의 차이가 뚜렷하다.

1) 성적 분포도
· · · · · · · · · · ·

공과계열은 '성적의 다양성'이 의학계열보다 크다. 수학과 과학은 1등급이지만 국어가 3등급인 학생도 서울공대에 합격하는 경우가 있다는 말이다. 하지만 의학계열에서는 그럴 가능성이 낮다. 의학계열은 애초에 성적 진입 장벽이 더 높기 때문이다. 의학계열 지원자는 수학이 1등급이면서 국어도 1등급인 학생이 대부분이다. 굳이 국어가 3등급인 학생을 선발할 이유가 없다는 말이다. 공과계열과는 달리 의학계열 학종에서는 어느 한 과목이라도 등급이나 성적이 부실하면 서류 평가에서 탈락할 가능성이 커진다. 소위 '전공에 맞는 과목만 잘 하면 된다'는 학종의 법칙이 적용되지 않는다는 말이다.

2) 서류의 역할

· · · · · · · · · · ·

공과계열은 수학과 과학 성적에서 아주 커다란 차이가 나지 않는다면, 기타 제출 서류가 성적을 보완하는 경우가 있다. 예를 들어, 드론에 관심을 갖고 이와 관련된 다양한 활동에 대한 증명서를 제출한다면 이것이 합격에 긍정적으로 작용할 수 있다는 말이다. 하지만 의학계열의 경우는 서류가 성적을 보완하는 역할이 아니다. 동점자 순위를 정하는 데 사용된다고 보는 것이 맞다. 서울의대 일반 전형에는 전국 1,700개 고교 1~5등 안에 드는 학생들, 그것도 1,2등이 주로 지원한다. 성적이 거의 비슷한 학생들을 선발하기 위한 기준으로 서류를 보는 것이다. 그러니 일단 1등이 되는 것이 먼저다. 공과계열 입시는 서류로 성적을 뒤집는 게 가능하지만 의학계열은 정말 대학이 홍보용으로 내밀 수 있는 한

명 정도가 한계이다. 입시 결과로 인해 감사까지 받게 될 위험성을 끌어안고 서류로 성적을 뒤집는 결과를 고집할 입학사정관은 없다. 게다가 학생부 기록 사항이 대폭 사라졌기 때문에, 그런 학생부를 발견하기도 쉽지 않다. 그러니 의학계열 학종에서 서류는 동점 처리를 위한 것이라고 생각하는 것이 좋다.

3) 수능최저기준
· · · · · · · · · · · · · ·

공대의 경우, 연세대와 고려대를 제외한 소위 상위권 대학인 서울대, 서강대, 성균관대, 한양대는 수능최저가 없다. 수능 공부를 하기 싫은 일반고 전교 1등은 서울대, 서강대, 성균관대, 한양대, 건국대, 동국대에 지원하면 수능 준비는 전혀 신경 쓰지 않고 공과대학에 진학할 수 있다. 하지만 의대의 경우, 수능최저가 없는 곳만 골라서 지원한다는 것은 불가능하다고 보면 된다. 공대는 최저가 없어도, 의대에는 수능최저를 요구한 학교가 대부분이기 때문이다.

아주대 학종은 ACE 전형이라 하는데 일반학과는 수능최저가 없지만 의대는 4합 6, 약대는 4합 7의 수능최저가 있다. 가천대도 의대, 한의대, 약대만 수능최저를 적용한다. 충남대도 공대에는 수능최저가 없고 의대 3합 5(과학 2과목 평균), 약대 수영과(과학 2과목 평균)합 6, 수의대 수영과(과학 2과목 평균) 3합 7등급이 적용된다.

🔍 수능최저의 좌절

2022학년도 경북대 전국모집 교과전형 입시 결과

학과	모집 인원	지원 인원	경쟁률	최저 충족	실질 경쟁률	평균	50%	85%	2022 수능최저	2023 수능최저
치대	5	385	77	67	13.4	1.41	1.44	1.47	3합 3(1)	3합 3(2절사)
수의	9	214	23.8	76	8.4	1.37	1.41	1.42	3합 5(1)	3합 5(2절사)
약대	10	388	38.8	126	12.6	1.24	1.23	1.33	3합 5(1)	3합 5(2절사)

2022학년도 경북대는 교과전형으로 의과대학 신입생을 선발하지 않았다. 치대는 5명 모집이었고, 지원자가 무려 385명으로 경쟁률은 '77:1'이었다. 수치로 보면 엄청나다. 하지만 수능최저인 3개 1등급(과학 2과목 평균을 소수점 이하 절사)을 받은 지원자는 고작 67명뿐이다. 그래서 실질 경쟁률은 '13.4:1'에 지나지 않는다. 입학생 평균 내신이 1.41등급이고, 지원자 385명도 대략 1.5등급 전후의 학생들이 많았을 것이다. 하지만 수능최저기준을 충족하지 못 한 내신 최상위권이 무려 318명에 달한다. 지원자 중 82.6%이다. 이처럼 의치한약수 불합격 최대의 이유는 '수능 부족'이다. 의치한약수 진학을 원하면 첫째도 수능, 둘째도 수능, 셋째도 수능이다.

수의대도 214명의 지원자 중에 3합 5(2절사)를 충족한 지원자가 겨우 76명이었다. 약대는 388명 중 고작 126명이었다. 내신이 1~1.7등급 이내로 추정되는 내신 최상위권 학생 중에 이렇게 많은 일반고 학생들이 '국어, 수학, 영어, 과탐(과학 1과목)' 중에서 1등급 1개, 2등급 2개를 충족하지 못한 것이다. 내신 성적이 최상위권인데 수능 성적 충족이 어렵다는 것은 사실 이해하기 어려운 일이다. 이런 일이 벌어지는 가장 큰 원인은 의치한약수 입시에 대한 잘못된 이해와 이를 바탕으로 중등 사교육에서 횡행하는 입시 전략일 것이다. 대표적인 의대 입시에 대한 잘못된 이해는 다음과 같다.

의대입시 패러다임의

1. 영재학교나 과학고 준비를 하면 의대 입시에 도움이 된다?

영재학교나 과학고는 실제로 의대 입시에 거의 도움이 되지 않는다. 영재학교나 과학고 입학을 위한 수학 학습은 수능 준비와는 다르다. 경시대회 준비가 가장 대표적인데, 기하는 수능의 범위가 아님에도 불구하고 많은 불쌍한 초 · 중학생이 의대입시를 위해 영재학교와 과학고를 준비하며 기하를 배우다가 '수포자'가 되거나 수학을 싫어하게 된다. 과학 선행도 마찬가지다. 의대 입시에는 생물 I 과 화학 I 이가장 중요한 과목인데, 물리 준비에 너무 많은 시간을 할애한다. 그리고 더 중요한문제는 수학과 과학에 시간을 너무 낭비하다보니 감수성이 가장 좋은 시기에 국어나 영어를 멀리하게 되는 우를 범하게 된다.

2. 자사고에 진학하면 의대입시에 무조건 유리하다?

강남 등 일부 학군지역을 제외하면, 자사고 진학이 의대 진학에 유리한 것은 맞다. 하지만 자사고에서는 수시 학종보다 정시로 의대에 진학하는 것이 더 유리하다는것을 명심해야 한다. 그런데 자사고 준비 학원은 학종에 무게를 두는 경우가 많다. 학종으로 의대에 진학하는 것이 어렵다는 것은 앞서 설명했다. 그러니 자사고에 입학한다면, 정시를 노려야 한다는 생각을 먼저 하는 것이 좋다.

가능성 높은 의 · 치 · 한 · 약 · 수 입시 전략

중학교 때는 적어도 5과목(국어, 수학, 화학 I , 생물 I , 영어)의 수능 선행을 한다.
중학교 3학년 때 내가 진학하고자 하는 고등학교 고1 내신 시험을 풀어보고, 1등급이 가능한지 확인한다. 외대부고에 진학하고자 학생이 외대부고 1학년 내신 기출을 풀었는데 평균에도 미치지 못하는 성적이 나온다면 수시 학종으로 의대 진학은불가능하다고 보면 된다. 수시가 아니라 정시로 진로를 수정하는 것이 좋다.
고1 내신 성적이 최근 우리 고등학교 수시 입시 결과보다 나쁘면 정시 준비로 전환한다.

다음은 경북대 지역인재 교과전형 수능최저 충족 비율이다.

학과	모집인원	지원인원	경쟁률	최저충족	실질경쟁률	평균	50%	85%	2022 수능최저	2023 수능최저
의대	10	147	14.7:1	44	4.4:1	1.11	1.08	1.20	3합 3(2)	3합 3(2절사)
치대	10	352	35.2:1	52	5.2:1	1.73	1.72	1.85	3합 3(1)	3합 3(2절사)
수의	12	126	10.5:1	50	4.2:1	1.55	1.54	1.65	3합 5(1)	3합 5(2절사)

의대 지역인재 교과전형은 대구, 경북지역의 일반고 위주로 경쟁한다. 147명이 의대에 지원했으나, '3합 3(과학 2과목 평균, 절사)'를 충족한 학생은 고작 44명이었다. 내신은 평균이 1.11등급이다. 전교 1등 수준의 대구, 경북지역 일반고 학생 중에 수능최저를 맞춘 비율이 29.9% 수준에 불과하다는 말이다. 수능을 제대로 하지 않으면 의대 입시는 정말 어렵다. '선 내신, 후 수능'은 의대 입시 전략에서 최악의 전략이다. '선 수능, 후 내신'이나 '수능, 내신 병행'전략이 맞다. 수능최저가 '3합 5(과학 1과목)'인 수의대도 126명의 지원자 중 겨우 50명이 수능최저를 충족했다. 정말 무조건 수능이다.

다음으로 전국모집 학종의 최저충족에 대하여 확인해보자.

학과	모집인원	지원인원	경쟁률	최저충족	실질경쟁률	평균	50%	85%	2022 수능최저	2023 수능최저
의대	10	406	40.6:1	108	10.8:1	2.11	1.70	2.96	3합 3(2)	3합 3(2절사)
치대	5	243	48.6:1	39	7.8:1	2.15	1.99	2.40	3합 3(1)	3합 3(2절사)
수의	9	246	27.3:1	90	10.0:1	1.81	1.86	1.97	3합 5(1)	3합 5(2절사)

학종은 교과전형과 달리 특목고나 자사고도 지원이 가능하다. 10명을 모집했는데 무려 406명이 지원했다. 그런데 여기서도 최저기준을 충족한 인원은 108명이었다. 26.6%이다. 교과전형보다는 높지만 터무니없이 낮은 결과이다. 의대 학종 합격생 평균은 2.11등급이다. 자사고 비중이 높다는 점을 알 수 있다.

마지막으로 경북대 지역인재학종이다.

학과	모집인원	지원인원	경쟁률	최저충족	실질경쟁률	평균	50%	85%	2022 수능최저	2023 수능최저
의대	28	242	8.6:1	84	3.0:1	1.62	1.52	1.81	3합 3(2)	3합 3(2절사)
치대	10	216	21.6:1	52	5.2:1	2.16	2.00	2.55	3합 3(1)	3합 3(2절사)
약대	15	233	15.5:1	90	6.0:1	1.96	1.91	2.44	3합 5(1)	3합 5(2절사)

대구와 경북지역 자사고는 포항제철고와 김천고 뿐이고, 나머지는 모두 일반고다. 대구과고나 대구일과고, 경북과고, 경산과고는 수능최저 맞추는 것이 사실상 불가능하다. 그러니 대부분 일반고의 결과라고 생각해도 무방하다. 그런데 합격생 내신 평균을 보면 의대가 1.6등급, 치대가 2.16등급, 약대가 1.96등급이다. 사실상 수능 최저만 맞추면 2등급도 합격이 가능하단 얘기다. 수능의 중요성이 이정도나 되는 것이다.

CHAPTER 6

최근
입시결과
알아보기

FACT CHECK

1) 수도권 의대

수도권 의대에 학종으로 진학한다는 것은 아래 세 가지 경우를 **빼면** 환상이다.

> 1. 유명 고등학교 1등간의 경쟁
> 2. 영재학교나 과학고, 민사고, 하나고 등 수능최저 없이 의대를 가고자 하는 경우
> 3. 수능최저가 당락을 결정하는 사실상 변형된 수능 전형

먼저 유명 고등학교 1등간 경쟁은 서울대, 연세대, 가톨릭대 학종이다. 서울의대가 2024학년도부터 50명(2023은 53명, 2022는 65명, 2021은 68명, 2020은 75명)을 선발하는데 2022학년도 합격 고등학교를 분석해보면 민사고가 4명, 진선여고와 서울과학고가 3명, 외대부고, 상산고, 현대청운고, 포항제철고, 세화고가 2명 합격했다. 민사고 합격생 4명은 학교의 공동 1등 수준이었을 것이고, 나머지 학교들 중 2명 이상 합격한 경우도 마찬가지로 각 학교의 공동 1등이었을 가능성이 높다. 이외의 대부분 합격생의 80~90%도 결국 전교 1등간의 경쟁을 뚫고 온 학생들이다.

여기서 학교의 유명세와 비교과가 당락을 가른다. 1등의 경쟁이기 때문에 일반고 3등이나 4등이 세특이 좋아서 서울의대 학종에 합격하는 것은 정말 운이 좋은 경우라고 할 수 있다. 그러니 애초에 이런 것을 노리고 세특을 준비하는 것은 무모한 짓이다. 차라리 교과 등수와 수능 성적을 올리는 데 주력하는 것이 좋을 것이다. 연세의대 학종도 마찬가지다. 42명을 선발하는데, 사실 서울의대

대학	전형명	학종						교과전형			군	모집	지원	경쟁률	충원 인원	영역별 70% cut (백분위)				
		모집	지원	경쟁률	충원 인원	50% 컷	70% 컷	모집	50% 컷	70% 컷						국어	수학	탐구	평균	영어 등급
서울대	일반	65	763	11.74		1.18	1.42				나	30	94	3.1		100	100	98	99.2	1
연세대	활동우수형	42	594	14.14	28	1.18	1.31				가	44	186	4.2	9	100	100	99	99.3	1
가톨릭대	학교장추천	24	415	17.30	20		1.14				가	12	70	5.8	13	100	100	97.5	99	2
성균관대	학과모집	25	485	19.40	38	1.09	1.14				가	24	130	5.4	2	100	100	97.5	99	1
고려대	학업우수형	36	1076	29.89	37	1.47	1.65				가	27	93	3.4	6	100	99	93.9	98	1
고려대	계열적합형	15	371	24.73	24	1.79	1.94													
경희대	네오르네상스	55	1348	24.50	56	1.3					나	40	252	6.3	109	99	100	96.5	98.5	1
한양대	일반	36	914	25.40	63	2.1	2.86				가	64	193	3.0	16	99	100	98	99	2
중앙대	다빈치형인재	9	355	39.40	9	1.83	1.9				나	50	210	4.2	41	98.7	99	97	98.3	1
중앙대	탐구형인재	9	294	32.70	7	1.62	1.74									99	99	95	98	
이화여대	미래인재	13	400	30.80	5	1.2	1.3	5		1.1	나	55	242	4.4	13	99	99	95	98	
가천대	가천의약학	20	738	36.90	6		2				가	15	83	5.5	15	98	99	96.5	98.5	1
아주대	ACE전형	20	732	36.60	7						가	10	57	5.7	7	100	100	96.5	98.5	1
인하대	인하미래인재	15	444	29.60	3	1.21	1.32	10	1.13	1.15	다	12	359	29.9	134	100	100	90.5	96.8	2

학종에 지원한 대부분이 연세의대에도 지원한다. 합격 가능성을 높이기 위한 당연한 선택일 것이다. 가톨릭의대 학종은 다른 대학 학종과 달리 학교장추천을 받아야 한다. 학교장추천은 학교마다 1명만 가능하기 때문에 어차피 1등의 차지다. 이렇게 서울의대, 연세의대, 가톨릭의대 학종은 1등간의 경쟁이고, 대부분 소위 유명 고등학교 1등이 합격한다.

다음으로 영재학교나 과학고, 민사고, 하나고 등의 고등학교는 수능 공부를 하지는 않으나 사실 대한민국 최고의 학생들이 모여 있는 학교다. 이들은 성균관의대, 고려의대 계열적합형, 경희의대, 중앙의대 탐구형, 한양의대, 인하의대 등 학종에서 수능최저 없이 서류 중심으로 학생을 선발하는 의대에 지원한다. 실제 많은 합격생이 이 학교들에서 나온다.

마지막으로 수능최저가 당락을 결정하는 고려의대 학업우수형, 이화의대가 있다. 고려의대 학종은 수능최저가 4합 5등급이고 과탐은 2과목 평균으로 반영한다. 전국 의대 중에 가장 높은 수능최저를 제시하고 있다. 이화의대도 수능최저가 4합 5(과탐은 높은 등급 1과목 반영)으로 사실상 2번째로 높은 대학이다.

대학별로 교과전형, 학종, 정시 결과를 분석해보자. 서울의대 학교장추천전형인 지역균형은 각 고교마다 2명만 추천이 가능한데 의대 지원 학생은 대부분 전교 1등이다. 40명을 모집하고 합격자 중 20등인 50% 등록자는 1.05등급이고, 70% 등록자인 28등의 성적은 1.08등급이다. 지역균형은 주로 일반고 학생이 지원하니 일반고 1등 중에 내신이 아주 우수한 학생들이 주로 합격한다는 점을 보여준다. 반면 서울의대 학종은 등록자의 50%(30등) 커트라인은 1.18등급이고, 70%(42등) 커트라인은 1.42등급이다. 학종은 특목고나 자사고, 일반고가 모두 지원이 가능하기 때문에, 자사고와 과학고가 포함된 합격자의 중간 성적이

1.18이면 매우 높은 것이다. 각 학교 1~2등이 아니면 거의 불가능하다고 볼 수 있다. 전국 단위 자사고인 외대부고의 경우 전교 1등이 1.7등급이나 1.9등급 수준이다. 2등은 1등급 후반이고 3등은 1.9이거나 2등급이 넘는 경우도 있다. 그러니 어느 고등학교이든 전교 1등이나 2등 위주로 합격한 셈이다. 2022학년도 합격생 65명 중 내신 등급이 없는 영재학교 5명을 제외한 나머지 60명의 합격생 중 30등인 학생의 성적이 1.18등급이다. 합격생 60명 중 30명은 내신 평균 등급이 1.0등급에서 1.18등급 사이에, 31등부터 42등까지는 1.18등급에서 1.42등급 사이에 있다는 의미이다. 그럼 이 사이에 있는 학생은 강남권 일반고나 광역자사고의 전교 1등에서 4등정도 수준에 있는 학생들일 가능성이 높다. 그리고 43등에서 60등까지 17명의 내신 평균 등급은 1.42등급 보다 높다는 의미이다.

언론에 보도된 2022학년도 서울의대 합격생의 출신 학교를 참고해보면 좀 더 이해가 쉽다. 2022학년도 서울의대 학종인 일반전형 65명 합격생 중 전국자사고인 민사고 4명, 영재학교인 서울과학고 3명, 강남 일반고인 진선여고 3명, 전국자사고인 외대부고, 상산고, 현대청운고, 포항제철고가 2명씩, 광역자사고인 세화고 2명이 있다. 합격생을 모두 합하면 20명이다. 이를 통해 서울의대에 학종으로 확실하게 합격하는 방법은 전국자사고나 서울과고에 진학해서 1등하는 것이라는 것을 알 수 있다. 단지 서울과학고나 전국자사고에 진학하는 것으로 되는 것이 아니라, 1등하는 것이다. 그게 아니라면 강남의 고등학교 진학해서 전교 1등을 하는 방법이 있다. 강남권 20여 개 고등학교 중 보통 10명 정도 합격한다. 서울의대 학종은 명문고나 명문 지역 출신 전교 1~2등 중에서 약 50%를 선발하고 나머지 지역 고등학교 1,600개 중에서 나머지 50%를 선발하는 경향이 있고, 이는 최근 10년간 유지되고 있다.

그런데 2024학년도부터 75명까지 선발하던 학종 인원이 50명으로 감소한다.

명문고 2등의 합격 가능성이 더 낮아진 셈이고 나머지 일반고 1등의 합격 가능성도 낮아진 셈이다. 그러니 일반고 전교 1등은 지역균형, 명문고나 학군지역 1등은 학종을 노리는 것이 합격 가능성을 높이는 방법이다. 서울의대 정시 결과를 보면 국어 100%, 수학 100%, 과탐 2과목 평균이 98%였다. 수학 100%면 수능 100점이고, 국어 100%는 작년 수능 국어가 어려웠기 때문에 100점에서 92점까지이다. 과학은 두 과목 모두 1등급이어야 한다. 틀린 개수로 보면 수학은 당연히 만점이어야 하고, 국어와 과학을 합해서 2점짜리 3개 정도까지 틀릴 수 있다. 서울의대, 정말 진학하기 어렵다.

　연세의대의 입학 결과도 비슷하다. 22명을 선발한 교과전형의 결과, 등록생 11등의 성적은 1.0등급이다. 연세의대에 등록한 22명 중 1등부터 11등까지 '국영수과사' 모든 과목이 1등급이라는 말이다. 22명 중 70%인 15등인 학생의 성적도 1.03등급이다. 1과목이 2등급인 정도이다. 연세의대 학종 42명 등록생 중 21등(50%)으로 등록한 학생의 평균 등급이 1.18이었다. 보통 고등학교 1~2등의 성적이다. 29등(70%)의 성적은 1.31등급이다. 일반고 학생이라면 전교 1~2등일 가능성이 높고, 1.3등급이 넘는 학생은 아마도 전국단위 자사고의 1등부터 5등 이내에 있는 학생일 수 있다. 그리고 당연한 말이지만, 내신 등수가 높을수록 합격 가능성이 높다. 연세의대 정시는 국어와 수학은 100%인데 과학은 99%로 서울의대보다 1% 높다. 이는 서울의대에 지원하려면 과학Ⅱ에 응시해야 하기 때문이다. 인원이 소수인 과학Ⅱ는 백분위가 나쁘기 때문에 연세의대보다 낮을 수 있다. 하지만 틀린 개수는 서울의대와 동일하게 국어나 과학 두 과목을 합해서 3개 정도 틀려야 합격이 가능하다.

　가톨릭의대 교과전형 결과는 합격자 10명 중 5등과 7등의 성적이 모두 1.03등급이다. 2등급이 하나 정도 있는 셈이다. 가톨릭의대 학종은 구조가 특이하다. 지원 자격이 학교당 1명인 학교장추천전형이다. 그러니 어차피 1등만 지원이 가능하다. 24명 모집에 415명이 지원했는데, 전국 1,700여 개 고등학교 중에 겨우 415명만 지원한 셈이다. 왜 나머지 전교 1등은 지원하지 않았을까? 이유는 수능최저를 못 맞추기 때문이다. 전교 1등 중에 가톨릭의대 수능최저인 '3합 4(과학 2과목 평균, 소수점 이하 절사) + 한국사 4'를 맞추지 못하는 학생이 많기 때문이다. 또한 합격 가능성이 높지 않은 가톨릭의대에 지원하느니 지역인재에 1개 더 지원하는 것이 현명하다고 판단했을 것이다. 가톨릭의대 정시 결과는 국어 100%, 수학 100%, 과학 97.5%이다. 서울의대나 연세연대 보다 과학 1개 정도 더 틀린 셈이다. 작년 가톨릭의대 정시는 지원자들이 소극적 지원을 하기도 했다. 그래서 동일한 군에 있는 연세의대, 성균관의대, 울산의대, 고려의대보다 약간 낮은 커트라인을 형성하고 있다.

30명을 모집하는 고려의대 교과전형은 내신 등급이 있는 모든 과목을 반영하는 특징이 있다. 그리고 진로 선택과목의 경우 A/B/C 중에 B부터 감점을 하는 방식으로 내신을 계산한다. 교과 전형 중에 가장 까다로운 편이다. 그리고 수능최저가 4합 5(과학 2과목 평균)이다. 수능최저 중에 가장 높다.

그래서 수도권 교과전형 중에 합격 커트라인이 가장 낮다. 50% 커트라인이 1.16등급이고 70% 커트라인은 1.2등급이다. 합격자 30명 중에 10명 정도가 1.2 등급이 넘는 학생이다. 전국 일반고 1~2등 중에 수능최저를 맞춘 학생이 합격하는 것이다. 그런데 고려의대 교과전형은 면접이 없기 때문에 합격하면 정시로 서울의대, 연세의대, 성균관의대 등에 지원이 불가능하다. 따라서 강남에 있는 고등학교나 수능이 강한 고등학교 내신 최상위권은 교과전형이 아니라 학종에 지원하는 경향이 강하다.

그런데 전교 1등 중에서도 고려대 교과전형에 학교장추천을 받아도 지원할 수 없는 학생들이 많다. 수능최저가 안 되기 때문이다. 30명 모집인데 684명이 지원했다. 전국 일반고가 1,616개 정도다. 전교 1등 중에서 많은 학생이 지원하지 않은 것이다. 고려대 교과전형은 수능 1등급인 학생에게만 존재하는 전형이다. 사실 교과전형이라기 보다는 수능 전형에 가깝다. 고려의대 학종은 두 종류다. 수능최저가 있는 '학업우수전형'과 수능최저가 없는 '계열적합형'으로 구분된다. 위 표에서 수능최저가 있는 학업우수형은 70% 커트라인이 1.65등급이고 수능최저가 없는 계열적합형은 1.94등급이다. 계열적합형에 과학고, 민사고, 하나고 등 내신 등급 획득이 어려운 고등학교 학생이 많이 포함되어 있기 때문이다. 합격생 평균등급을 낮추는 역할을 하기 때문이다. 고려의대 정시는 연세의대, 가톨릭의대, 성균관의대와 비슷하다.

경희의대 교과전형은 2023학년도에 처음으로 도입 예정이다. 그래서 2022학년도 결과를 확인할 수는 없다. 대신 경희의대 학종은 2022학년도 까지는 55명을 선발했는데 2023학년도에는 40명, 2024학년도에는 33명으로 축소된다. 2022학년도 결과를 볼 때, 2023부터는 커트라인이 올라간다는 사실을 명심해야 한다. 2022학년도 경희의대 학종 합격생 평균은 1.3등급이다. 경희의대는 수도권의대 중에 유일하게 합격, 불합격생의 모든 정보를 정보로 제공하고 있다.

경희대 학종 '네오르네상스'전형 의·치·한 입시 결과(출처: 경희대학교 홈페이지)

모집 단위	합격자 평균 등급	지원자 학생부 교과 등급 분포									○ 합격(충원합격 포함) × 불합격
		1등급	2등급	3등급	4등급	5등급	6등급	7등급	8등급	9등급	
의예과	1.3	●●●○○○○○○○ ○○○○○	×× ×××× ×	×	× ×						
한의예 (자연)	1.7	○○○○○○○○○○ ○○ ○○○	×× ×× ×××	×××							
치의예	1.7	○○○○○○○○○○○ ○ ○	○	×× ×× ×	×						

경희의대 학종은 55명 모집에 1,345명이 지원했다. 1단계에 4배수를 면접대 상자로 선발하기 때문에 220명이 1단계를 통과했고, 최종 면접에서 55명을 최 초합격자를 배출했다. 그런데 최초 합격한 55명 중에 서울의대, 연세의대, 가톨 릭의대, 성균관의대, 고려의대를 동시에 합격한 학생들이 있기 때문에 이들의 합격 포기로 결원이 생기고, 그렇게 발생한 추가합격이 56명이다. 결과적으로 1 단계를 통과한 220명 중에서 최초 합격자 55명, 추가 합격 56명을 더하면 111명 이 합격한 셈이다. 합격생 평균은 1.3등급이지만, 3등급이 넘는 합격생은 한 명 도 없다. 2등급 합격생은 6명, 나머지 모두는 1등급 학생이다. 1등급 중에서도 1.4등급보다 높다. 2등급은 아마도 외대부고 등의 전국자사고 일부와 과고 일부 학생일 것이다. 일반고는 거의 1.3등급 이내이고 강남권 등 소위 상위권 고등학 교 1.5등급 전후이다. 참고로 경희의대 정시 합격선은 소위 '메이저 의대' 합격 선인 수능 전체에서 3개 정도 오답에서 한두 개 정도 더 틀리는 수준이다.

한양의대는 교과전형 없이 학종만 선발한다. 합격생 50% 커트라인은 2.1등 급, 70% 커트라인은 2.86등급이다. 수도권 의대 학종 커트라인 중에 가장 낮다. 이유는 과학고, 민사고, 하나고 등 소위 명문고라 불리는 고등학교 내신 3등급 학생이 많기 때문이라고 볼 수 있다. 이는 일반고 학생의 합격 가능성이 낮아진 다는 의미이다. 한양의대 정시는 경희의대와 비슷하다. 차이가 있다면 한양의 대 정시는 과탐Ⅱ를 선택하면 가산점이 있다. 그래서 과탐Ⅱ를 선택한 학생은 과탐에서 하나 정도 더 틀려도 합격이 가능하다.

중앙의대도 교과전형은 없고, 학종은 면접이 있는 융합형과 면접이 없는 탐 구형으로 나뉜다. 둘 다 수능최저가 없고, 한양의대와 비슷하게 학종 커트라인 이 낮은 편이다. 역시 과학고 등의 내신 등급이 일반고에 비해 상대적으로 낮은 영재학교나 유명 자사고 학생이 전체 합격생 평균 등급을 낮추기 때문이다. 중앙의대 정시 결과는 경희의대, 한양의대와 비슷하다.

이화의대도 교과전형 없이 학종에서 13명, 정시로 55명을 선발한다. 그런데 학종 수능최저가 무려 4합 5(과학 1과목), 이는 사실상 수능 전형이다. 수시도 수능전형, 정시도 수능전형이라고 볼 수 있다. 이화여대 학종은 면접도 없기 때문에, 지원하고 수능최저를 맞추면 합격이다. 그래서 주로 1등급 후반이나 2등급 여학생들이 지원하는 경우가 많다. 합격하면 무조건 가야하기 때문에 수능 성적이 아무리 좋아도 정시 지원이 불가하기 때문이다. 하지만 수능최저가 워낙 높아 이를 맞출 수 있는 정도의 수능 결과라면 정시로 경희의대, 한양의대, 중앙의대, 고려의대에 합격할 가능성도 있다. 그래서 참 권하고 싶지 않은 학종이기도 하다.

가천의대와 인하의대, 그리고 아주의대는 인천과 수원에 있는 몇 안 되는 수도권 의대이고, 셋 다 모집인원이 소수이다. 가천의대와 인하의대는 교과전형을 실시하고 있다. 둘 다 커트라인은 1.1등급 수준으로, 전교 1등만 가능하다고 볼 수 있다. 학종에서는 가천의대와 아주의대가 수능최저를 실시하고 인하의대는 수능최저가 없다. 정시 커트라인은 서울권 의대인 경희의대, 한양의대, 중앙의대와 별 차이가 없다.

> ### 🔍 수도권 의대 입시의 특징
>
> 1. 교과 전형이 상대적으로 적다. 커트라인은 대략 1.1등급 수준이다. 수능최저가 4합 5(2)인 고려대만 1.3등급 수준이다.
> 2. 학종은 영재학교, 자사고, 강남권 고등학교 내신 1등의 경쟁이고 나머지 일반고 학생 일부가 조연으로 활약한다.
> 3. 정시 커트라인은 일단 수학은 100점이거나 96점으로 다 맞거나 한 개 틀려야 하고 국어와 과학도 1등급은 확실하게 받아야 한다.

최근 입시경관 이해하기

1-1) 수도권 의대 합격 전략

　일반고 학생은 교과전형을 노리는 것이 좋다. 먼저 전교 1등을 확보하라. 수능이 전과목 1등급이 아닌 지방의 일반고 학생이라면, 지역인재 의대 교과전형을 확보하고 내신을 최대한 올려 수도권은 교과전형을 노려야 한다. 당연히 수능최저 확보도 중요하다.

　제발 의대 학종에 대한 환상에서 벗어나야 한다. 서울·수도권 의대 학종은 사실상 합격자가 미리 정해져 있다고도 볼 수 있다. 서울의대 학종 50명은 전국단위 자사고 15~20명, 강남권 학생 15명 내외, 전국의 유명 상위권 고등학교 약 10명 내외, 나머지 일반고 10~20명으로 구성된다. 일반고라면 최대한 내신이 높을수록 유리하다. 42명을 뽑는 연세의대 역시 서울의대 결과의 축소판이다. 성균관의대 학종은 25명, 울산의대 학종은 14명을 선발하기 때문에 거의 로또 수준이고, 고려의대는 사실상 수능 전형이다. 경희의대는 55명이던 모집 인원을 33명으로 줄였고, 한양의대는 39명을 선발하는데 30% 정도는 영재학교, 과학고, 유명 자사고만의 리그이다. 학종 자체에 너무 기대면 정말 곤란하다.

　자사고나 특목고도 마찬가지다. 비교과나 세특으로 합격하기 어렵다. 자사고와 특목고에서도 결국 전교 상위권 내신 성적의 학생만 합격이 가능하다. 이름값이 있는 전국 자사고인 외대부고, 상산고, 민사고, 하나고에서는 서울의대와 연세의대에 학종으로 1~4명이 합격하고, 이중에서 가톨릭의대에 중복으로 합격하는 학생이 있다. 성균관의대에는 서울의대나 연세의대에 최종 불합격을 한 학생 중에 한두 명 등록하는 정도이다. 고려의대는 1단계 통과자가 많은 편이다. 하지만 의외로 위에 언급한 학교에서도 수능최저를 맞추지 못하는 학생이 많다. 그래서 보통 고려의대 학종 1단계 합격자는 경희의대 1단계 합격자와 겹치는 경우가 많다. 주로 전교 5~15등 사이 학생이 고려의대와 경희의대를 동시에 지원하여 1단계 서류전형을 통과하지만 수능최저에 따라 당락이 결정되는 것이 일반적이다.

위에 언급한 유명 전국자사고 전교 10등 전후 학생이 한양의대 학종에 지원한다는 것은 사실상 입시 전략에서 실패한 것이라 볼 수 있다. 수능에 자신이 없기 때문에 면접도 없는 한양의대 학종에 지원해야 하는 것이기 때문이다. 이런 학생은 수시로 고려의대나 경희의대 1단계 합격을 확보하고 정시로 메이저 의대(서울의대, 연세의대, 가톨릭의대, 성균관의대, 고려의대)를 노리는 입시전략을 사용하는 것이 좋다.

> ### 🔍 수능이 강한 정시형 고등학교의 합격 가능권
>
> - 정시형 고등학교=휘문고, 중동고, 세화고, 단대부고, 숙명여고, 진선여고, 중산고, 상문고, 경기고, 서울고, 강서고, 낙생고, 화성고, 선덕고, 보인고, 배재고 등
> 전교 1~3등 서울의대, 연세의대, 가톨릭의대, 성균관의대, 울산의대 중 합격
> 전교 6등 ~ 7등 고려의대 합격 가능
> 전교 10등 전후 경희의대, 중앙의대, 가천의대 등에 지원하고 수능 채점 후 면접 응시 여부를 고민
> 전교 10등~30등 수시보다 정시로 수도권 의대까지 노리는 것이 합리적

지금 전교 1등인 학생은 서울의대 지역균형, 연세의대 교과전형, 가톨릭의대 교과전형, 경희의대 교과전형 등을 집중적으로 노리자. 가능하면 내신 전체 1등급을 확보하는 것이 좋다. 물론 수능최저도 잊으면 안 된다. 세특은 전교 1등이라는 것 자체로 충분하다.

반면 전교 2등은 의대 진학에 참 어려운 처지가 된다. 교과전형도 부담이고 수도권의대 학종의 가능성도 낮다. 전교 1등에게 밀려 가톨릭의대는 지원 자격이 없고, 서울의대와 연세의대는 기대하기 어렵고 성균관의대와 울산의대는 모집인원이 25명, 14명으로 사실 로또 수준이다. 고려의대는 수능최저가 4합 5(과학 2과목 평균)이다. 경희의대, 한양의대, 중앙의대를 노려본다 해도 영재학교, 과학고, 자사고와 각축이 두렵다. 가천의대와 아주의대, 각각 20명. 인원도 소수이고 수능최저도 걱정이다. 인하대 학종은 수능최저 없는 16명. 전교 2등은 고려의대 교과전형에 지원하고 수능최저인 4합 5(과학 2과목 평균)를 준비하는 것이 가장 가능성이 높다고 볼 수 있다. 학종은 잊고, 내신을 유지하면서 수능최저를 맞추는 방법이 2등의 최선이다.

전교 3~5등, 서울의대와 연세의대는 언감생심. 가톨릭의대는 1등만 추천을 받을 수 있고, 성균관의대 학종만 25명, 울산의대는 부·울·경 지역인재가 16명인데 전국 모집은 학종만 14명, 고려의대는 모든 전형 수능최저 4합 5(과학 2과목 평균), 믿었던 경희의대 모집인원 55명에서 33명으로 축소, 한양의대 학종 39명, 중앙의대는 다빈치형 11명, 탐구형 11명. 학종으로 의대를 가는 것 자체가 정말 힘든 일이 된다.

이과 최상위권에서는 변별력이 없는 수학보다 국어나 과학에서 고득점을 하면 정시 합격 가능성이 높아진다. 2022학년도 최초의 문·이과 통합수능 결과, 수학 만점자는 의대 모집인원에 해당하는 2,702명이었다. 합격에는 국어 점수가 작용했다고 볼 수 있다.

2) 비수도권 의대

· · · · · · · · · · · ·

2-1) 준수도권 의대

우선 비수도권이긴 하지만 전국 학생들이 수도권 다음으로 선호하는 순천향대, 연세원주의대, 인제의대, 한림의대를 살펴보자. 모두 서울에 병원이 있다.

전국모집으로 시행되는 전형에는 순천향의대 교과전형과 학종이 있고, 연세원주의대 교과전형과 학종, 인제의대 교과전형, 한림의대 학종이 있다.

대학	전형	2024	2023	2022	경쟁률	추합	50% 컷	70% 컷
순천향대	교과	18	20	21	14.15	31	1.0	1.0
인제대	교과	28	28	28	9.39	16	1.06	1.08
순천향대	학종	6	6	6	36	2	1.09	1.09
한림대	학종	21	20	23	21.91	9	1.27	1.36
연세대(미래)	교과	19	15	15	12.4	10	1.31	1.38
연세대(미래)	학종	15	18	19	14.32	3	1.33	1.37

50% 커트라인을 기준으로 정렬된 위 표를 보면 순천향의대 교과전형 커트라인은 전과목 1등급이다. 인제의대 교과전형도 1.06~1.08등급이다. 5학기 동안 2등급이 2~3개 정도인 내신이다. 연세원주의대 교과전형만 1.31등급이 중간 성적인데 70% 커트라인을 고려해도 1.38등급 수준으로, 교과전형 중에서는 낮은 편이다. 이는 수능최저(국수과과 중 3 합 4, 영2, 한4)가 높고, 아울러 면접 30%까지 있어서 내신 최상위권 학생이 지원을 하지 않았을 가능성을 보여준다.

학종의 경우 한림의대가 1.27, 연세원주의대가 1.33, 순천향의대가 1.09등급 수준이다. 사실상 교과전형 성적과 차이가 없다. 전교생 300명 정도의 일반고 전교 2~3등정도 선이다. 순천향의대 학종 70% 커트라인은 1.09등급인데, 이는 등록생 6명 중 4등인 학생의 내신 평균 등급이 1.09등급이란 의미이다. 순천향 의대 학종은 수능최저가 없기 때문에 당연히 커트라인이 높을 수밖에 없다. 한 림의대 학종 70% 커트라인은 1.36등급인데, 수능최저가 '국수영과(2) 3개 합 4' 로 결코 낮지 않다. 이처럼 의대 학종에 가장 중요한 것은 내신 성적이다. 내신 좋으면 세특은 저절로 좋아진다. 특히 생물 1등급, 화학 1등급, 수학 1등급이면 된다. 세특을 만들기 위해 영어 시간에 의대 가겠다는 포부를 멋지게 영어로 써 내지 않아도 된다. 그냥 영어 1등급이면 충분하다.

다음으로 지역인재전형의 결과를 분석해보자.

대학	전형	2024	2023	2022	경쟁	추합	50% 컷	70% 컷
순천향대	학종지역	7	7	7	11.71	3	1.08	1.15
순천향대	교과지역	31	31	21	9.1	14	1.16	1.2
한림대	학종지역	16	16	15	10.8	1	1.32	3.26
연세대(미래)	학종지역	18	18	14	10.79	5	1.5	1.64

순천향의대 지역교과전형은 지역인재 40%를 맞추기 위해 모집 인원을 31명 으로 늘릴 예정이다. 2022학년도 입시 결과는 21명 선발에 커트라인은 1.16~1.2 였다. 순천향의대 지역학종은 7명 모집에 4등이 1.08이고 5등의 성적이 1.15등 급이다. 지역인재는 학종이 교과전형보다 높다. 이정도 되면 학종에 굳이 목숨 을 걸어야 할 이유가 없다. 연세원주의대 지역학종과 한림의대 지역학종은 50% 커트라인이 1.5등급과 1.32등급이다. 강원지역은 지역인재를 20%만 선발해도

되는 지역이기 때문에, 두 학교는 최소한으로 지역인재 인원을 배당했다. 그리고 수능최저도 다른 지역인재보다 훨씬 높은 편이라 수능최저만 맞추면 대부분 합격할 정도이다. 그렇기에 강원지역 의대를 목표로 하는 학생은 일차적으로 강원지역 지역인재 수능최저 맞추기를 목표로 해야 한다. 국어, 수학, 영어, 과탐(2) 중 1등급이 2개는 넘어야 한다. 강원도 지역에 자사고는 민사고 뿐이고, 특목고는 강원과고 뿐이기 때문에, 사실상 일반고 끼리 경합이다. 이 지역에서는 의대 학종을 준비할 이유가 전혀 없다.

마지막으로 정시 결과를 확인해보자.

대학	전형	군	모집	국어	수학	탐구	평균	영어
순천향대	정시	다	38	99%	99%	97.5%	98.5%	1
한림대	정시	나	39	98%	100%	96.7%	98%	1
연세대(미래)	정시	나	27	98%	99%	96%	97.8%	1
인제대	정시	가	42	99%	98%	90.5%	93.5%	1

순천향의대 정시는 '다'군이다. '다'군은 소수의 인원만 선발하기 때문에 추가합격이 많이 발생하는 곳으로, 결과도 변화가 많은 편이다. 국어 99%, 수학 99%(2022 수능 미적분 선택 기준 원점수 96점), 과탐은 두 과목 평균이 98.5%이다. 한림의대와 연세원주의대는 결과가 비슷한데, 2022 수능 기준으로 국어 −4~5개/45문항, 수학은 최대 −1개/30문항, 과탐은 −2~3개/40문항 오답 수준이다. 인제의대는 정시에서 국어, 수학, 과학, 영어를 동일한 비율로 반영한다. 그래서 수학 -2개, 국어 -4개, 과탐은 −5~6개 오답 수준의 커트라인을 보여주고 있다. 하지만 인제의대는 다른 의대와 달리 국어, 수학, 과탐, 영어를 모두 동일하게 25%씩 반영하고 과탐 점수도 표준점수를 그대로 반영하기 때문에 과탐을 백

분위로 반영하는 다른 의대와 단순 비교하긴 어렵다. 하지만 2022학년도 인제의대 정시 커트라인이 예년에 비해 낮게 형성된 것은 사실이다.

준수도권 의대 입시결과를 정리해보면, 전국모집 수시에서는 일반고는 교과전형이나 학종 모두에서 전교 1~3등 정도가 필요하고, 자사고나 유명 일반고에서는 전교 5~10등정도를 해야 한다. 영재학교, 과고, 민사고, 하나고 등 대학 선행형 고등학교들에서는 수능최저 부담이 없는 순천향의대 학종에 몰리는 경향을 보이는데 2024학년도부터 모집인원은 고작 6명이다. 정시에서는 수학은 −1~2개, 국어 -3~4, 과탐 -2~3개 오답 정도의 성적이 필요하다. 수도권 의대보다 한두 개를 더 틀리는 수준이라고 보면 좋다. 지역인재전형에서 순천향의대는 수능최저가 매우 낮아 교과 성적이 매우 높게 형성되고, 한림대나 연세원주의대는 수능최저가 높기 때문에 교과 성적이 약간 낮은 편이다. 충청권 학생은 내신이 더 중요하고, 강원권 학생은 수능이 더 중요하다고 볼 수 있다.

2-2) 강원 · 충청권 의대

강원권은 의대가 많지 않고 지역인재 의무 비율이 20%이다. 충청권은 대전, 충청남북도와 세종시를 포함하는 거대한 지역이면서 의대도 골고루 분포하고 있다. 건국충주의대가 학부모집을 시작하면서 관심이 더 높아지기도 했다. 수시 전국모집 결과를 살펴보면 수능최저를 적용하지 않는 건양대 의과대학(이하 건양의대) 교과면접전형과 충북의대 학종 수능최저 미적용 전형이 가장 높은 성적을 보였다. 이는 당연한 결과이다. 수능최저를 맞추지 못하는 고등학교의 전교 1등이 대거 집결하기 때문이다. 건양의대 수능최저 없는 교과전형은 커트라인이 1.01~1.05 사이인데, 이는 5학기(1학년부터 3학년 1학기) 전체에서 2등급이 1개 내지는 2개 수준이다. 충북의대 수능최저 미적용 학종은 1.02~1.07 등급으로, 학종 중 최고 성적이다. 5학기 전체에서 2등급이 2~4개 수준이다. 강원의대 교과전형은 1.09~1.14등급으로 보통 일반고 1등이다. 충남의대 교과도 강원의대 교과와 비슷하다. 충남의대 학종의 50% 커트라인이 1.18등급, 건국충주의대는 학종임에도 불구하고 1.2~1.6등급의 커트라인을 보여줬다. 단국천안의대 50% 커트라인이 1.24등급, 충북의대 교과와 최저 있는 학종이 1.28~1.34등급 수준의 내신 커트라인을 형성했고, 가장 낮은 커트라인은 건양의대 교과전형으로 1.44~1.48의 커트라인을 보여주고 있다. 전체적으로 학종보다 교과전형 커트라인이 더 높다.

대학	전형	2024	2023	2022	경쟁률	추합	50% 컷	70% 컷
건양대	교과최저X	5	5	5	20	1	1.01	1.05
충북대	학종최저X	4	4	4	34.25	4	1.02	1.07
강원대	교과	10	10	10	22.5	35	1.09	1.15
충남대	교과	23	23	23	16.09	40	1.11	1.14
충남대	학종	19	19	19	13.58	3	1.18	
단국대(천안)	학종	15	15	15	16.47	8	1.21	1.34
건국대(글로컬)	학종	12	12	12	23.3	1	1.24	1.64
을지대	교과	5	5	10	28.8	5	1.27	1.37
충북대	교과	4	4	5	40	18	1.28	1.34
관동대	학종	8	8	8	12.4	1	1.3	1.31
충북대	학종최저	4	4	4	25	4	1.33	1.33
건양대	교과최저	10	10	10	29.8	24	1.44	1.48

다음으로 강원도 지역인재나 충청권 지역인재의 수시 전형 결과를 살펴보자. 전체적으로 전국모집 결과보다 커트라인이 약간은 낮은 것을 확인할 수 있다. 강원도 지역 내에서 선발하는 강원의대, 가톨릭관동의대는 확실히 전국모

집보다는 낮은 커트라인을 형성하고 있다. 강원의대 교과지역은 1.23~1.47로 전국모집 1.09~1.14보다 0.3등급이 낮다. 가톨릭관동의대 학종은 전국모집이 1.3~1.31등급인데 지역모집은 1.38~1.53등급으로 70% 커트라인 기준 0.22등급 낮다. 지역인재학종도 사실 내신 전형이란 것을 다시 각인시켜 주는 결과이다. 건양의대 수능최저 교과전형은 전국모집 70% 커트라인은 지역과 전국 모두 1.48이다. 강원지역과 충청지역의 지역인재전형의 경우 그냥 교과 전형과 동일한 수준이다. 내신 1~3등 정도는 기본이라는 말이다. 물론 수능최저도 맞춰야한다. 이쯤 되면 학종만 권유하는 입시 전략은 오히려 의대 진학에 방해가 되는 정도라는 것을 확인할 수 있다. 의대 학종, 정말 어렵고 가능성도 낮다!

대학	전형	2024	2023	2022	경쟁률	추합	50% 컷	70% 컷
충북대	교과지역	7	7	7	29	12	1.06	1.06
건양대	교과지역최저X	10	10	10	6.6	8	1.11	1.16
충남대	교과지역	20	20	23	12.17	10	1.19	1.25
강원대	교과지역	14	14	15	13.13	18	1.23	1.47
을지대	교과지역	19	19	15	13.73	13	1.37	1.5
건국대(글로컬)	교과지역	12	12	12	9.42	7	1.37	1.38
관동대	교과지역	10	8	8	12.25	16	1.38	1.53
건양대	교과지역최저	10	10	10	17.3	10	1.45	1.48

강원과 충청지역의 정시 커트라인을 분석해보면 드디어 정시에서도 지역모집이 등장하는 것을 확인할 수 있다. 충남의대와 충북의대가 정시에서 지역인재전형을 실시한다. 전국모집보다 지역모집이 0.1~1% 정도 낮다. 충남의대는 전국모집이 97.3%이고 지역모집이 97.2%이다. 반면 충북의대는 전국모집이 97.5%인데 반해 지역모집이 96.5%인 것을 확인할 수 있다. 물론 충북의대 전국

모집에서 영어가 2등급인 점을 감안하면 실제 차이는 더 작을 것이다. 하지만 전국모집보다 지역모집이 단 1점이라도 낮은 것은 확실하다. 두 번째로 강원, 충청권 정시 결과는 준수도권 의대의 정시 결과보다 약 1% 정도 낮게 형성되는 것을 확인할 수 있다. 수학이 만점인 경우는 관동의대와 단국천안의대 뿐이고 나머지는 수학에서 1개나 2개를 틀린 경우가 많다. 국어도 98%가 주류를 이루고 있다. 과탐의 경우도 2등급을 보이는 케이스가 늘어나고 있다. 충남의대와 충북의대 지역모집이 과탐 2등급이다.

대학	전형	군	모집	국어	수학	탐구	평균	영어
을지대	정시	나	15	99%	99%	96%	98%	1
관동대	정시	나	20	96%	98%	100%	98%	1
충북대	정시	나	17	96%	100%	96.5%	97.5%	2
단국대(천안)	정시	다	26	96%	100%	96.3%	97.4%	1
충남대	정시	가	26	97.5%	99.5%	95%	97.3%	1
충남대	정시지역	가	26	98%	99%	94.5%	97.2%	1
강원대	정시	가	15	96%	98%	97%	97%	1
충북대	정시지역	나	12	99%	99%	91.5%	96.5%	1

강원권 의대와 충청권 의대의 2022학년도 입시 결과를 총평해보자면 수시는 서울수도권과 별 차이를 보이지 않고 정시는 '서울·수도권' 뿐만 아니라 '준수도권'보다도 낮은 결과를 보인다는 점이다. 한마디로 수시 커트라인은 떨어지지 않고 정시 커트라인인 서서히 하락하고 있는 것이다. 지역인재가 본격적으로 등장하면서 전국모집과 지역모집의 커트라인 차이가 확인된다는 점도 특징이다. 수시 전국모집은 교과와 학종을 불문하고 일반고는 1~4등까지 경쟁, 자사고는 학종을 중심으로 1~5등 수준의 경쟁이다. 강남지역이나 전국단위 자사고

는 사실상 극소수가 경쟁에 참여한 것으로 보인다. 수시 지역모집은 표에서 알 수 있듯이 모두 교과전형이다.(여기서 준수도권이라 분류한 순천향의대 지역학종 7명, 연세원주의대 지역학종 18명, 한림의대 지역학종 15명은 강원권과 충청권 지역인재이긴 하지만 일반고 끼리 경쟁하는 구도에서 사실상 수능최저를 맞추면 세특이나 다른 요소와 무관하게 합격할 가능성이 높다.) 다시 강조하지만 지역모집을 실시 중인 지역에서는 학종 준비로 시간 낭비하지 말고 내신 올리기와 수능최저 맞추기에 총력을 기울여야 한다.

의대 수시 법칙 1

의대 지역인재는 72%가 교과전형이다. 학종은 잊어라.

지역	교과	학종	논술	합
강원	강원대 15 관동대 8	한림대 18 연세대(미래) 20		61
부산/울산/경남	부산대 30 인제대 28 동아대 30 경상대 24 고신대 25	울산대 14 부산대 33 동아대 2 경상대 3	울산대 2 부산대 17	208
대구/경북	경북대 15 계명대 26 영남대 25 동국대(경주) 12 대구가톨릭 20	경북대 34 계명대 6 동국대(경주) 9 대구가톨릭 2		149
대전/세종/충청	순천향 34 건국대(글로컬) 13 충남대 23 충북대 8 건양대 21 을지대 20	순천향 7		126
광주/전라	전남대 70 전북대 46 조선대 45	원광대 45		206
제주	제주대 7			7
합	72%			

2-3) 대구 · 경북 지역 의대

대학	전형	2024	2023	2022	경쟁률	추합	50% 컷	70% 컷
대구가톨릭	교과	5	5	5	26.6	6	1.26	1.28
계명대	교과	12	16	17	22.24	22	1.36	1.38
영남대	교과	8	8	8	34.25	23	1.45	1.47
영남대	교과면접	8	8	8	18.25	5	1.47	1.52
동국대(경주)	학종	7	6	7	36	6	1.6	1.6
경북대	학종	22	22	10	40.6	6	1.7	2.5
계명대	학종	4	4	4	19	1	1.77	1.77

대구·경북 지역 의대 중 수시 전국모집의 결과를 분석하면 일단 교과와 학종에서 내신 등급의 차이가 확연하단 점을 발견하게 된다. 학종의 성격이 서울 지역 의대 학종과 유사하다. 출신 학교 수준에 대한 고려가 많이 작용하는 것으로 추정된다. 특히 대구는 학교간 수준의 차이가 서울을 제외하고는 가장 큰 지역이다. 그러니 당연히 학종에서 고등학교의 이름값을 중시하는 경향이 높아 보인다. 특히 경북의대 전국모집 학종은 강남의 1등급 후반이나 2등급 학생들이 빠짐없이 꾸준하게 지원하는 곳이다. 그리고 전국단위 자사고의 전교 10등에서 20등 학생들도 단골로 지원한다. 수도권 의대인 가천의대와 더불어 학종의 인기가 높다. 그래서인지 경북대도 모집 인원을 22명으로 늘렸다. 나머지 동국경주의대(7명)나 계명의대(4명) 학종은 인원이 너무 작아 찻잔 속의 태풍 수준이라 분석의 의미는 크지 않다. 전국모집 교과전형은 다른 지역과 큰 차이는 없지만 커트라인이 0.1~0.2등급 정도 낮게 형성된다. 그 이유는 다름이 아니라 수능최저가 너무 높기 때문이다. 영남의대 교과전형은 면접 있는 전형과 없는 전형이 모두 '4합 5(과학 1과목 반영)', 한4'이다. 계명의대 교과전형은 '국수영과(과학

1과목 반영) 중 3개 등급 합 3등급'이다. 대구가톨릭의대 교과전형도 '국수영과(과학 1과목 반영) 중 3개 합 4등급, 수학 반드시 포함'이다. 대구지역 의대들의 수능최저 상한선은 다른 지역과 차원이 다를 정도로 높다. 그러니 내신이 아무리 좋아도 수능최저를 충적시키지 못한 일반고 1~1.2등급 사이 학생들의 탈락으로 교과전형 커트라인이 다른 지역보다 낮게 형성되고 있다. 재밌는 사실은, '수시 의대 교과전형에서는 수능최저가 1등급 높아지면 내신 커트라인이 0.1등급 정도 하락한다는 것이다.

> ### 🔍 의대 수시 법칙 2
> --
> 교과전형 수능최저가 1등급 높아지면 내신 커트라인은 약 0.1등급 하락한다.

대학	전형	2024	2023	2022	경쟁	추합	50% 컷	70% 컷
경북대	교과지역	12	12	10	14.7	9	1.08	1.2
대구가톨릭대	교과지역	18	19	15	19.33	5	1.28	1.33
계명대	교과지역	28	24	19	12.89	17	1.28	1.34
경북대	학종지역	39	34	28	8.64	6	1.52	1.76
영남대	교과지역	23	23	25	13.6	19	1.58	1.68
계명대	학종지역	6	6	6	29.17	6	1.69	1.88
동국대(경주)	학종지역	9	9	10	22.6	12	1.7	1.8

대구·경북 지역 수시 지역모집 결과를 보면, 경북의대 교과전형이 1.08~1.2로 가장 높고, 계명의대 학종이 50% 커트라인 1.7등급으로 가장 낮게 나타났다. 특징으로는 교과전형 커트라인이 다른 지역 지역인재전형보다 낮게 형성된다

는 것이다. 수능최저가 다른 지역보다 높은 결과이다. 경북의대는 수시 모든 전형의 수능최저가 동일하게 '국수영과(과학 2과목) 3합 3등급'이다. 당연히 지역모집에서 커트라인이 하락하게 된다. '의대 수시 법칙 2'에 따르면, 다른 지역 지역인재보다 내신 커트라인이 0.1등급 낮다. 실제 결과도 비슷하게 나타났다. 대구가톨릭의대 지역모집도 전국모집과 동일하게 '국수영과(과학 1과목) 중 3개 합 4등급, 수학 반드시 포함'의 수능최저를 적용한다. 당연히 내신 커트라인이 낮다. 영남의대 지역인재 교과전형은 '4합 5(과학 1과목)'다. 극강의 최저기준을 보여준다. 당연히 커트라인이 상승해서 1.58~1.68등급으로 나타났다. 대구·경북 지역 학생이 의대 준비를 하고 있다면, 내신도 내신이지만 수능최저 준비에 다른 지역보다 더 많은 시간을 할애하라고 충고하고 싶다. 지역모집 학종도 마찬가지다. 최저가 높다보니 커트라인이 높게 형성된다. 이 지역의 특목고는 수능과 무관한 영재학교와 과고이고, 광역 자사고는 포항제철고와 김천고 정도이다. 광역 자사고는 대구대건고 정도인데 사실 대구 수성구 일반고가 더 무섭다. 안동 풍산고 등 일부 자율학교도 존재하긴 하지만 실제 수능최저가 지역모집 의대 입시에서 가장 중요한 요소이다. 비교과보다 내신 성적과 수능최저가 더 중요한 학종의 요소이다. 모집 인원만 비교해도 경북대를 제외하고는 교과전형이 압도적으로 많은 것을 확인할 수 있다.

대학	전형	군	모집	국어	수학	탐구	평균	영어
영남대	정시	나	35	98%	99%	96.5%	97.8%	2
계명대	정시	다	30	98%	98%	96%	97.3%	1
동국대(경주)	정시	다	19	99%	98%	94.5%	97.2%	2
경북대	정시	가	50	98%	98%	95%	97%	1.4
대구가톨릭대	정시	다	21	96.5%	98.6%	90.2%	95.1%	1

정시 결과를 보면 전체적으로 수학이 98~99%를 나타내고 있다. 99%는 하나 틀린 것이고 98%는 두 개 틀려서 점수로는 92점이다. 국어도 98% 전후이고 과탐은 90.2~96.5%까지 국어와 수학에 비해 백분위가 낮은 것을 확인할 수 있다. 영어는 1~2등급이 골고루 분포한다. 역시 수도권 의대에 비해 합격권 백분위가 1~1.5% 정도 낮아지고 있다.

2-4) 부산 · 울산 · 경남 지역 의대

지역인재가 실시되는 지역 중에 의대가 가장 많은 곳이 부 · 울 · 경이다.

대학	전형	2024	2023	2022	경쟁	추합	50% 컷	70% 컷
부산대	교과	0	0	15	23.53	19	1.05	1.06
인제대	교과	28	28	28	9.39	16	1.06	1.08
경상대	교과	11	10	14	22.86	34	1.15	1.17
고신대	교과	25	25	25	14.24	30	1.31	1.37
경상대	학종	2	3	3	11	0	1.39	

그러나 부 · 울 · 경 의대는 완전히 폐쇄적이다. 전국모집 인원을 지속적으로 줄이고 부 · 울 · 경 지역 내에서만 선발하는 경향이 강하다. 특히 부산의대는 125명 중에 100명을 지역인재로 지역 내에서만 선발한다. 이제 부 · 울 · 경 지역이 아닌 학생은 수시로는 부산의대에 진학하는 것이 불가능하다. 정시만 25명을 전국단위로 모집한다. 2022학년도 결과를 확인해보면 전국 모집은 대부분 교과전형이다. 이제 마지막이 된 부산의대 교과 결과는 1.05~1.06등급이다. 아마 전국 일반고 전교 1등 중에도 많은 수가 1.06등급을 받지 못할 것이다. 보통 전교생이 300명인 고등학교에서 경쟁이 좀 치열하면 1등이 1.2등급인 경우가

많다. 1.2등급이면 10과목 중에 2등급이 단 2개인 셈이다. 1.1등급은 10과목 중 2등급이 단 한 개다. 1.0x등급은 사실상 신의 영역이다. 인제의대도 전국모집 교과전형은 1.0x등급이 커트라인이다.

그나마 경상의대는 1.1x등급이 커트라인이다. 고신의대 전국모집 교과전형은 1.31~1.43등급이다. 고신의대가 다른 의대에 비해 커트라인이 낮은 이유는 1단계에서 7배수를 선발하고 면접을 실시하기 때문이다. 의대 수시 교과전형에서 면접이 있는 경우 면접이 없는 대학보다 0.2~0.3등급까지 컷이 낮아지는 경향이 있다.

🔍 의대 수시 법칙 3

의대 수시 교과전형에서 면접이 있는 경우 커트라인이 0.2~0.3등급까지 하락한다. 학생들은 면접을 싫어한다.

대학	전형	2024	2023	2022	경쟁	추합	50% 컷	70% 컷
부산대	교과지역	30	30	30	14.6	25	1.06	1.09
인제대	교과지역	28	28	28	8.46	4	1.12	1.19
울산대	학종지역	15	13	4	14.5	1	1.18	1.67
동아대	교과지역	18	28	30	14.75	34	1.25	1.29
고신대	교과지역	25	25	25	13.8	24	1.32	1.35
경상대	학종지역	3	3	3	17	0	1.33	
부산대	학종지역	30	30	30	15.9	8	1.43	1.48

부·울·경 지역인재 결과를 분석해보자. 일단 부·울·경 지역의 고등학교 구성을 살펴봐야 한다. 부·울·경 지역 자사고는 전국 자사고인 현대청운고와 광역 자사고인 해운대고 둘 뿐이고, 나머지는 대부분 일반고이다. 부산시에 고등학교는 총 94개, 울산시가 42개, 창원시가 41개이다. 결과적으로 실제로 의대를 두고 경쟁하는 고등학교는 200개 수준인 것이다. 부·울·경 의대 지역모집은 교과전형이 부산의대 30명, 인제의대 28명, 동아의대 20명, 고신의대 25명 등 총 191명이다. 대략 한 학교에서 한 명이 합격한다고 볼 수 있다. 교과전형은 일반고가 우세하기 때문에 실제로 내신 1등에서 5등 사이 학생 중에 수능최저를 맞추면 합격할 가능성이 높다. 실제 결과를 봐도 부산의대가 1.06~1.09등급이니 전교 1등 중에서도 내신이 아주 좋아야 한다. 인제의대가 1.1x 수준이다. 동아의대가 1.2x등급 이고 고신의대는 1.32~1.35등급 수준이다. 역시 면접을 실시하는 고신의대 커트라인이 다른 의대에 비해 0.2~0.3등급 낮게 형성되었다. 인제의대도 면접을 실시하긴 하는데 수능최저가 '국수영과(1) 모두 2등급'으로 낮아서 내신이 0.2등급 정도 높아진 것이라 볼 수 있다. 지역인재학종은 부산의대와 울산의대가 실시하고 있다. 국립경상의대는 3명 모집이라 사실 큰 영향력은 없다. 부산의대 학종은 2022학년도 대입 결과에서 해운대고가 부산의대 6명 합격생을 배출했는데 아마도 학교 이름값이 작용했을 가능성이 있다. 그러니 부·울·경 지역 일반고 학생들은 내신과 수능최저 챙기기에 주력해서 지역교과전형에 합격하는 것이 가장 올바른 전략이다. 학종 준비에 과도한 시간을 낭비하는 것은 바람직하지 않다.

대학	전형	군	모집	국어	수학	탐구	평균	영어
부산대	정시	나	30	98%	99%	97%	98%	2
동아대	정시	가	9	99%	98%	95%	97.3%	2
고신대	정시	다	25	97%	99%	91.5%	96.5%	1
동아대	정시지역	가	10	98%	99%	92%	96.5%	2
경상대	정시지역	가	20	97%	99%	94.5%	96.25%	2
경상대	정시	가	15	99%	98%	90.5%	95%	2
인제대	정시	가	42	99%	98%	90.5%	93.5%	1

정시는 부산의대 98%, 동아의대 97%, 고신의대 96% 정도이다. 인제의대 70% 커트라인은 93.5%로 상대적으로 낮은데, 이유는 인제의대가 정시에서 국수영과를 동일하게 25%로 반영하고 과탐도 표준점수로 반영하기 때문이다. 국립경상의대는 지역인재 정시에서 95%를 보여주고 있다.

부·울·경 지역 의대 입시 결과를 정리해보면 일단 부·울·경 지역 내에 있는 학생들은 전국에서 가장 의대 진학에 유리한 조건이란 점을 알아야 한다. 지역인재 선발인원이 가장 많기 때문이다. 그리고 교과전형 중심이기 때문에 세특이나 비교과 활동에 너무 많은 비중을 두지 않아도 좋다. 무엇보다 일단 내신 등급을 최대한 높이는 것이 가장 중요하다. 그리고 수능최저를 넘길 수 있도록 만반의 준비를 해야 한다. 내신이 좋은데 수능최저를 맞추지 못해서 불합격하는 학생들이 많기 때문이다. 부·울·경 지역 의대 수시 합격의 기준은 일반고 전교 3등 이내 유지, 수능최저 통과면 된다. (인제의대의 경우 수능최저가 낮기 때문에 전교 1등 필요) 정시는 국·수·과의 평균 백분위가 95~98% 수준이다.

2-5) 광주 · 전라 지역 의대

대학	전형	2024	2023	2022	경쟁	추합	50% 컷	70% 컷
원광대	학종	26	26	26	13.5	28	1.13	1.17
전북대	학종	5	9	9	26.33	5	1.19	1.28
전남대	교과	0	14	24	17.29	15	1.25	1.28
전남대	학종	12	5	5	17.17	4	1.26	1.28
조선대	교과	16	18	42	12.19	35	1.28	1.35
전북대	교과	19	29	29	30.86	26	1.38	1.41

광주 · 전라지역 전국모집 수시 결과를 보자. 먼저 전국모집 인원이 감소하고 있다는 것이 눈에 들어온다. 전남의대 교과 전형은 2022학년도까지 24명 선발하다가 2024학년도에는 아예 모집하지 않는다. 학종이 7명 증가하긴 했지만 나머지 17명은 지역인재로 넘어갔다. 조선의대 교과전형도 전국모집이 42명이었으나 점차 16명까지 줄인다. 전북의대도 학종에서 4명, 교과에서 10명이나 감축했다. 수도권 학생이 수시로 지방의대 합격하는 것은 점점 어려워지고 있다. 다음으로 교과전형이나 학종이나 일단 일반고 기준으로 5등 이내에 들어야 합격이 가능하다는 것이 명확하다. 전남의대는 교과전형이나 학종이나 모두 1.28등급의 커트라인을 보이고 있다. 전북의대 전국모집 교과전형만 70% 커트라인이 1.41등급인데 이렇게 높은 이유는 당연히 수능최저가 '4합 5(과학 2과목)'로 높기 때문이다. 내신이 아무리 좋은 학생이어도 수능 4합 5(과학 2과목)를 충족하지 못하면 다 떨어지기 때문에 3합 4인 의대보다 0.2~0.3등급이 높은 것이다. 그러니 고등학교 1학년 성적표가 나오면 수시로 의대 합격이 가능한지는 금방 확인이 된다. 잔인하지만 고1 내신 성적이 2등급을 넘는 순간 뒤에 성적을 올리더라도 수시로 지방의대에 진학하는 것은 불가능에 가깝다. 확고하게 의대를 노린다

면 수능 준비에 착수해서 수능최저가 높은 의대의 수시와 논술, 그리고 정시까지 준비해야한다. 내신에 대한 미련을 버려야 한다는 말이다. 특히 학종은 아예 쳐다볼 필요도 없다. 시간 낭비하지 말고 1분 1초를 아껴서 수능 준비에 만전을 기해야 한다.

원광의대는 학종을 표방하고 있지만 오히려 전남의대나 전북의대보다도 합격생의 내신 등급 컷이 높아 전체 1위이다. 50% 커트라인이 1.13등급이고 70% 커트라인이 1.17등급이다. 내신 등급이 더 높은 학생이 수능최저만 맞추면 합격하는 교과전형이 있는데 굳이 세특 관리까지 하며 원광의대 학종을 준비하는 것이 좋은지 고민해볼 필요가 있다. 아마도 내신 등급이 1.13등급인데 전남의대 교과전형이 아니라 원광의대 학종에 지원하는 이유는 수능최저가 낮기 때문이라고 생각한다. 원광의대 학종의 수능최저는 '3합 6(과학 1과목)'이다. 전남의대 교과전형 수능최저인 '3합 5(과학 2과목, 절사)'에 비해 1등급 낮은 편이다. 그래서 전남의대 교과전형과 원광의대 학종을 동시에 내는 학생들이 많을 수 있다.

계속 같은 이야기를 하고 있지만, 고1부터 전교1~5등 안에 있는 학생들은 의대 입시를 위해 내신 등급을 최대한 올리고 수능최저를 맞출 수 있도록 준비해야한다. 합격 가능성이 매우 낮은 학종을 위해 시간을 낭비하는 것은 위험한 행위이다. 의대 수시에 학종은 사실상 무의미하다. 전교 1~5등인 학생들의 세특에 무관심한 고등학교와 교사는 없다. 그러니 학생은 오로지 성적 올리기에 주력하면 된다. 그리고 전교 6등, 즉 내신 평균 등급이 1.6등급이나 1.7등급이 넘어가면 사실상 의대 수시는 끝이다. 그러니 의대를 목표로 한다면 내신 성적을 올려서 1.5등급 이내로 진입하고 수능최저를 맞추거나, 아니면 아예 정시 준비로 돌아서야 한다. 전국단위 모집 중에 지방의대에서 가장 많은 인원을 모집하는 원광의대 학종 입시 결과가 보여주는 시사점이다.

대학	전형	2024	2023	2022	경쟁	추합	50% 컷	70% 컷
전남대	교과지역	78	67	38	10.5	39	1.15	1.18
원광대	학종지역전북	33	33	30	8.1	18	1.18	1.33
조선대	교과지역	40	42	27	15.7	33	1.45	1.44
전북대	교과지역전북	46	43	46	10.09	11	1.51	1.68

광주·전라지역 지역인재전형의 입시결과를 보면 전국모집 입시결과보다 0.2등급 정도 낮은 커트라인을 형성하고 있는 것을 확인할 수 있다. 확실하게 지역 내 학생에게 유리하게 작용하고 있음을 보여주는 것이다. 전남의대 교과전형은 전국모집과 별 차이를 보이지 않으나, 전북의대의 경우 전국모집 커트라인이 1.41등급이고 지역모집 커트라인은 1.68까지 내려간 점을 확인할 수 있다. 모집인원도 2배 이상 많다. 지역인재의 위력을 다시 확인할 수 있는 결과이다. 광주·전라지역 고등학교 학생들은 지역인재전형이 의대 진학에서 가장 유리한 전략인데 지역인재 모집은 대부분 교과전형이다. 원광의대는 학종을 표방하고 있으나 사실 교과 등급이 조선의대 교과전형보다 더 높다. 원광의대 학종 50% 커트라인은 1.18등급이다. 70% 커트라인도 1.33이다. 수능최저가 낮아서 커트라인이 높다.

대학	전형	군	모집	국어	수학	탐구	평균	영어
조선대	정시	가	50	99%	99%	97%	98.3%	1
전북대	정시	가	33	99%	99%	97%	98.3%	
전남대	정시지역	가	13	98%	99%	97%	98%	1
원광대	정시	나	27	99%	98%	97%	98%	1
조선대	정시지역	가	22	99%	99%	95%	97.7%	1
전남대	정시	가	37	99%	99%	92%	96.5%	1
전북대	정시지역	가	29	92%	100%	97%	96.3%	

광주·전라지역 정시모집 결과는 전반적으로 수학은 원점수 96점 수준, 국어는 98~99% 수준을 보이고 있다. 탐구는 역시 수학과 국어보다 백분위가 좀 낮아서 97%가 주류를 점하고 있다. 특이한 점은 전남의대 정시 결과에서 지역인재전형 결과가 전국모집 결과보다 높은 것으로 나타났다는 것이다. 지역모집이 13명이고 전국모집이 37명이기 때문에 나타난 현상으로 보인다. 반면 전북의대는 33명 모집하는 전국모집이 29명 모집하는 지역모집보다 커트라인이 높게 나왔다. 인원이 소수인 지역모집 정시를 지원할 때는 신중함이 요구된다.

2-6) 제주 지역 의대

대학	전형	2024	2023	2022	경쟁	추합	50% 컷	70% 컷
제주대	교과	8	13	13	20.38	10	1.18	1.19
제주대	교과지역	12	7	6	7.17	5	1.31	1.35

대학	전형	군	모집	국어	수학	탐구	평균	영어
제주대	정시	다	14	95%	97.8%	97.4%	97.2%	1
제주대	정시지역	다	7	97%	97%	97.5%	97.67%	2

제주지역 의대 입시 결과를 분석해보자. 수시는 교과전형만 실시하고 있는데 전국모집과 지역모집 간의 70% 커트라인 차이는 0.16등급이다. 모집인원은 2024학년도에 지역모집이 전국모집 인원을 넘어선다. 역시 지역인재 20% 이상 의무 할당의 위력이다. 정시모집 결과를 보면 지역모집 커트라인이 높아 보이지만, 영어가 2등급이므로 사실상 차이가 없다고 생각하면 된다. 수학은 2022학년도 기준으로 원점수 92점 수준, 국어와 과학이 97% 선이다. 역시 제주 지역 학생에게도 의대 준비에서 학종은 실체 없는 신기루이다. 내신 챙기기와 수능 준비만이 의대 합격의 길을 열어준다.

3) 치대

· · · · · · ·

치대의 입시 결과를 분석해보자. 치대는 의대보다는 대학이 많지 않아서 지역별로 분석하지 않고 동시에 진행하자.

대학	전형	2024	2023	2022	경쟁	50% 컷	70% 컷	수능최저(22)
서울대	지역균형	0	0	10	5.3	1.13	1.22	3개 각 3등급(2)
연세대	교과	10	12	12	6.67	1.14	1.15	없음
원광대	학종면접	12	12	17	13.41	1.35	1.44	3합 6(2), 수학필
전남대	교과	5	5	7	35.29	1.38	1.39	3합 5(1)
경북대	교과	4	5	5	77	1.41	1.47	3합 3(1)
조선대	교과	13	16	28	28.48	1.42	1.46	4합 6(1)
전북대	교과	3	6	6	83.5	1.43	1.45	3합 4(2)
전남대	학종	4	4	5	19.6	1.43	1.45	4합 7(1)
단국대(천안)	학종	20	20	20	21	1.48		3합 5(2), 수학필
부산대	학종	0	0	8	43	1.54	1.6	3합 4(1)
서울대	학종	25	25	22	9.23	1.7	1.84	없음
경희대	학종	24	29	40	13.33	1.7		3합 4(1)
연세대	학종	12	12	12	12	1.72	2.35	1등급 2개, 영3
강릉원주	학종	12	9	12	42	1.7	1.98	3합 5(1), 수학필
경북대	학종	9	6	5	48.6	2.15	2.4	3합 3(1)

우선 치대 수시 전국단위 모집 결과를 분석해보자. 가장 눈에 띄는 것은 서울치대 지역균형과 부산치대 전국모집 학종이 2023학년도부터 신입생 모집을 하지 않는다. 서울치대는 그 인원을 정시로 넘겼고, 부산치대는 지역인재로

돌렸다.

교과전형과 학종을 비교해보면 치대는 의대보다 학종의 비중이 약간 높다. 하지만 학종 중에 전남치대, 단국천안치대, 부산치대는 50% 커트라인이 1.5등급 수준이다. 사실상 교과 전형과 별 차이가 없다는 말이다. 원광치대 학종도 70% 커트라인이 1.44등급으로, 사실상 전북치대 교과전형과 동일하다. 치대 수시모집은 교과나 학종이나 모두 내신이 일반고 전교 5등 이내, 자사고 전교 10등 이내 성적과 수능최저 맞추기가 필수이다.

서울치대가 학종은 70% 컷이 1.84등급이었는데 과학고와 자사고 학생들 중에서 일부 합류하면서 등급 커트라인이 낮아진 것으로 보인다. 경희치대가 발표한 내용을 보면 최하위 합격생 내신 등급이 4.4인데 이 학생은 아마도 과학고 학생으로 추정된다. 연세치대 70% 합격생이 2.35등급인데 아마 자사고나 강남권 학생으로 보인다. 일반고 전교 1등이 1.1~1.2등급이라면 외대부고 전교 1등은 보통 1.7등급이나 1.8등급인 경우가 많다. 그러니 2.35등급이면 외대부고 학생이라면 아마도 전교 6등에서 9등(이 학생이 만약 일반고에 진학했으면 전교 1등이나 2등을 했을 것이다.) 수준일 것이다. 경북치대 학종은 수능최저가 의대와 동일하게 높다. 당연히 커트라인은 상승한다. 커트라인을 확인해보면 70% 커트라인이 2.4등급이다. 전교 1등인데 '3합 3등급(과학 1과목 반영)'을 맞추지 못하면 떨어지는 것이고 전교 15등인데도 '3합 3등급(과학 1과목 반영)'을 맞췄으면 합격한 것이다. 경북치대 학종은 사실상 수능전형이라고 봐야한다. 서울치대, 연세치대는 출신 학교와는 무관하게 전교권 학생 중에 맘에 드는 학생을 골라 뽑았다고 볼 수 있다.

대학	전형	2024	2023	2022	경쟁	50% 컷	70% 컷	수능최저(22)
전남대	교과지역	12	12	9	18.33	1.22	1.23	4합 7(1)
원광대	학종지역전남	10	10	7	10.29	1.26	1.29	3합 6(1), 수학필
부산대	교과지역	5	6	6	20.5	1.36	1.46	3합 4(2)
강릉원주	학종지역	5	6	6	20.5	1.54	1.71	3합 6(1), 수학필
원광대	학종지역전북	22	22	19	8.94	1.57	1.67	3합 6(1), 수학필
전북대	교과지역전북	18	17	18	15	1.63	1.78	3합 5(2)
조선대	학종지역	25	24	20	21.35	1.69	1.71	4합 6(1)
경북대	교과지역	8	11	10	35.2	1.73	1.85	3합 3(1)
경북대	학종지역	11	11	10	21.6	2.16	2.55	3합 3(1)

치대 수시 지역인재전형 결과를 분석해보자. 교과전형이 다수이고 학종은 원광치대 26명과 조선치대 20명이 가장 모집인원이 많은 전형이고 나머지는 경북치대가 10명, 강릉원주치대가 6명 수준이다. 그리고 **변형된 수능전형이라 불리는 경북치대**를 제외하고는 교과전형과 커트라인 차이가 크지 않다. 지역인재 치대는 교과전형이 주류이고 내신 성적이 그만큼 비중이 높다. 치대 지역인재는 학종이나 교과나 사실상 내신 성적순으로 선발한다고 생각하면 된다. 그러니 치대 전공적합성을 어떻게 할지 걱정하기 보다는 내신 성적을 1등급이라도 올리고 수능최저 준비에 만전을 기해야 한다.

대학	전형	군	모집	국어	수학	탐구	평균	영어
연세대	정시	가	24	99%	99%	97.5%	98.5%	1
조선대	정시	가	40	98%	98%	99%	98.3%	1
조선대	정시지역	가	8	98%	97%	99%	98%	1
원광대	정시	나	34	99%	98%	97%	97.67%	2

대학	전형	군	모집	국어	수학	탐구	평균	영어
부산대	정시	가	16	95%	100%	97.5%	97.5%	3
강릉원주	정시	다	20	97%	98%	97%	97.2%	1
서울대	정시	나	16	99%	99%	93%	97%	2
경희대	정시	나	29	96%	100%	94.5%	96.8%	1
전북대	정시지역	가	5	99%	96%	95%	96.7%	
경북대	정시	가	23	98%	98%	92%	96%	1.9
전남대	정시지역	가	8	99%	99%	91%	96%	1
단국대(천안)	정시	나	58	93%	99%	94.5%	95.5%	1
전북대	정시	가	9	100%	99%	84%	94.3%	1
전남대	정시	가	5	99%	99%	85%	93.6%	1

치대 정시 결과는 의대 하위권 합격 수준에서 과탐 3등급까지 합격 범위가 넓다. 연세치대가 수학 원점수 96점, 99%였다. 국어도 99%이고, 과탐은 97.5%이다. 영어는 당연히 1등급이다. 서울치대 입시 결과가 낮은 것은 과탐Ⅱ를 선택에 따른 하락으로 볼 수 있다. 수학을 다 맞은 학생은 경희치대 한 곳이다. 그러나 수학을 다 맞은 대신 국어는 겨우 턱걸이로 1등급인 96%이고, 과탐은 2등급인 94.5%이다. 전남치대와 전북치대는 전국모집과 지역모집의 결과에서 지역모집이 더 높게 나타났다. 지원 시 유의해야 한다. 전반적으로 **국어**와 **수학**은 지방 의대 수준인데 **과탐**에서 1~3% 정도의 백분위 하락이 보인다.

치대 준비하는 학생은 두 부류로 나눌 수 있다.

의대를 준비하다 성적이 부족해서 치대라도 가야겠다고 생각하는 학생과 애초부터 치대만 가려고 생각하는 학생이다. 치대는 의대보다 커트라인이 아래에서 형성되니 의대 준비하다 치대라도 가려는 학생은 그냥 의대에 맞춰서 내신과 수능을 균형 있게 준비하면 된다. 치대 입시는 의대 입시와 거의 비슷하기 때문이다. 의대와 치대를 모두 지원하는 것도 가능하다. 수시에서 의대 3개, 치대 3개 지원하고 정시에서도 의대 1개, 치대 2개 지원하는 것도 좋다.

반면 아예 치대만 생각한 학생은 치대 모집 인원이 의대에 비해 너무 적고, 의대에서 밀려오는 학생들이 많기 때문에 정시까지 길게 보면서 시기별로 선택을 해야 한다. 사실 의대나 치대나 전공적합성 같은 것은 크게 다르지도 않다. 그러니 치대만 고집하기보다는 의대와 같이 넓게 보는 것도 좋다.

치대의 전공적합성에 대해서 논란이 많다. 우선 '전공적합'에 대한 개념 정리가 필요하다. 전공적합은 전공에 대한 관심보다는 전공 공부를 진행할 준비가 되어 있느냐에 더 방점이 있다. 치대에 진학하려면 일단 과학과 수학, 영어 등 치대 공부를 위한 기본 과목에서 1등급을 받았는지가 더 중요하지 내신은 2등급인데 치대에 관심만 많았다고 합격할 수 없다. 명확하게 본인이 치대 교육과정을 잘 따라 갈 수 있는 학생임을 성적으로 증명해야 한다. 1등급이 아닌 학생은 전공적합이란 환상을 따라가기 보다는 성적을 올리는데 시간과 열정을 할애해야 한다. 1등급인 학생들은 이제 관심을 보여도 된다. 1등급인 학생들은 성적에서 다른 1등급 학생들과 비슷하기 때문에 관심과 활동에 따라 당락이 결정될 수도 있다. 관심은 직관적인 것이 아니다. 간접적으로 표현되는 것이다. 그러니 고등학생 입장에서 치대 전공에 대한 관심을 어떻게 확인할 수 있을까? 우선 전공 관련 내신 이수 여부와 결과가 가장 중요하다. 치대는 일단 생물 과목이 연관성이 가장 크다. 다음으로 화학이나 물리도 연관성이 있다. 수학은 기본 학업 역량을 파악하는 도구로 활용된다. 다음으로 영어 성적이다. 당연히 치대의 교재 대부분은 영어다. 수업을 따라 오려면 영어가 안 되면 곤란하다. 그런데 치대 지원자 대부분이 성적은 1등급일 확률이 높다. 그럼 단순 등급 성적으로는 변별력이 없는 셈이다. 그래서 과제 관련 수행평가나 발표, 모둠 수업 등이 1등급 중에서 누가 더 적극적이었는지 판단하는 기준을 제공한다. 수행평가가 가장 중요한 요소이다. 하지만 명심할 것은 2등급은 수행평가보다 1등급으로 성적을 올리는 것이 100배 더 중요하단 사실이다. 1등급은 수행평가, 2등급은 1등급으로 성적 상승이다. 수행평가가 기록되는 곳이 세특 (세부능력 및 특기사항) 항목이다. 과목별로 학기당 500자만 기록이 가능하다. 그러니 포털 사이트를 뒤지는 수준으로 치대 관련 내용을 억지로 기록하기 보다는 그 과목의 수업에 필요한 지식 습득이 완벽하고 습득된 지식을 활용하는 것이 가능하다는 것을 보여주는 것이 중요하다. 일부 세특 기록을 보면 영어 과목인데 치대 관련 자료를 찾아봤다는 내용으로 도배를 한 사례도 있는데 바람직하다고 보기 어렵다. 뜬금없기도 하고 작위적으로 보인다. 영어 수업 주제에 맞는 내용을 적극적으로 진행하면 된다. '서울시교육정보원 진로진학정보센터'에서 서울시 2020학년도 수시 지원 건수 159,420건에 대한 자료를 지원 대학, 학과, 전형, 교과 성적, 수능 백분위, 합불 여부를 그대로 공개한 자료에 따르면 내신이 1.5등급 이내인데 불합격인 사례는 많지만 내신이 1.5등급이 넘는데 합격한 사례는 극히 드물다. 내신이 3등급인 학생이 아무리 좋은 세특 기록을 내세워도 치대 합격은 거의 불가능하다. 내신 3등급은 세특이란 희망고문에서 벗어나 실력으로 영어 성적을 올리지 않으면 치대 합격이 어렵다는 점을 자각해야 치대 진학이 가능하다. 전공적합 관련 마지막으로 명심해야 할 것은 대부분의 치대가 의대 전공적합과 치대 전공적합을 구분하지 않는다는 점이다. 치대는 의대이고 싶다. 의대는 치대가 의대가 아니라고 주장한다. 자신의 진로를 치대로 너무 좁히는 행위는 치대 진학에도 도움이 되지 않는다. 넓은 의미로 의학계열에 대한 관심을 표현하기만 하면 된다. 고1 때는 전교 최상위 내신 확보에 주력하면서 1등급 가능 학생들만 각 과목별 수행평가에 적극적으로 참여하면 된다. 고2가 되면 고1 내신 전교 상위권인 학생들은 수행평가에 좀 더 적극적으로 참여하고 내신 2등급이 많은 학생들은 고2 기간 동안 수행평가는 감점을 면하는 수준에서 참여하고 오히려 중간고사와 기말고사 준비에 만전을 기해 1과목이라도 1등급으로 성적을 올리는 길이 치대 합격을 위한 비교과라고 생각해야 한다. 내신이 2등급과 3등급이 주로 나온 학생들은 결단을 해야 한다. 치대 합격을 위해 수시를 포기하고 정시에 집중할 것인지 아니면 아예 치대 진학을 포기하고 서·성·한·중·경·이·건·동·홍·숙 수준의 대학에 학종으로 진학하기 위한 수행평가에 적극 참여할 것인지.

고1 마치고 현재 고1 성적으로 치대에 수시로 가능한 대학이 있는지 확인한 후에, 가능성이 충분히 보인다면 2학년부터는 내신과 수능최저 관리에 시간 분할을 잘 해야 한다. 가능성이 없다면 수능 준비로 선회해야 한다.

고2 내신에서는 수능과 일치하는 과목 위주로 성적 관리를 하면서 수능 모의고사에서 수학이나 과학에서 반드시 한 과목 1등급은 받을 수 있도록 준비해야 한다. 내신보다 치밀한 수능 준비가 필요하다. 수능 국어는 매주 2회 이상 수능 모의고사를 풀어보고, 과학 과목을 정해 매주 모의고사를 1회 이상, 그리고 수능특강을 꾸준히 풀어봐야 한다. 영어는 고2 내신 준비를 착실히 하면 수능에서 큰 문제가 없을 것이다.

고1 내신으로 치대 진학이 가능한 전교 5등(일부 자사고 10등) 이내 학생이라면 학종에서는 '세특'관리만 하면 된다. 수상기록, 봉사, 독서가 학생부에서 없어졌기 때문에 이것을 무리하게 할 필요가 없다. 수행평가에 적극 참여 하고 내신 등급 올리기와 수능 모의고사 수능최저 관리에 집중하자.

중3은 일단 수능최저를 맞출 수 있는지 확인해야 한다. 고1 3월에 공식적으로 접하게 되는 첫 모의고사에서 적어도 국어와 수학은 반드시 1등급을 받아야 한다. 그러니 고등과정 선행을 마치면 반드시 해당 학년의 수능 모의고사로 현재 자신의 수능 모의고사 과목별 등급을 확인해야 한다. 고1 수학을 선행했으면 고1 모의고사를 보면 된다. 치대가 목표인 학생이 이 시험에서 국어나 수학 3등급을 받으면 치대 진학은 어렵다고 볼 수 있다. 내신이 아무리 좋아도 수능최저를 맞춰야 치대에 진학할 수 있기 때문이다.

중2 학생도 마찬가지다. 수능에서 볼 과목을 중심으로 선행학습을 해야 한다. 특히 과학은 화학Ⅰ과 생명과학Ⅰ을 위주로 하는 것이 좋다.

4) 한의대
· · · · · · · ·

한의대 입시는 매우 복잡하다. 문과에서도 뽑는 경우가 있지만, 이 책에서는 이과생의 진학만 설명하도록 하겠다.

수시 모집 전국 결과를 살펴보자. 교과전형은 50% 커트라인을 기준으로 1~1.7등급이 있다. 우석한의대가 '국·수·영·과·사' 주요과목 평균 1.0등급(전국 일반고 1,616개 고등학교 전교 1등 중에 100명 미만으로 추정), 대전한의대가 '국·수·영·과+한국사' 평균 1.04등급, 동신한의대가 '국·수·영·과·사' 1.12등급으로 이는 일반고 전교 1등 중에서도 내신이 아주 좋아야만 합격할 수 있다는 것을 보여준다. 의대 교과전형과 마찬가지로 수능최저가 낮을수록 커트라인이 높다. 가천한의대 교과전형은 2개 1등급을 받아야 한다. 커트라인도 1.7등급으로 가장 높은 숫자를 보이고 있다. 동국경주한의대도 최저기준이 '국·수·과 합5'로 높은 편이다. 당연하게 커트라인이 1.57등급으로 낮은 편이다.

한의대 학종은 교과보다 매우 적은 인원을 모집한다. 전국 모집이 실시되는 모든 한의대 2024학년도 학종은 합해도 겨우 78명이다. 경희한의대가 22명 모집으로 가장 많고, 최종 등록생 평균이 1.7등급이었다. 의대와 마찬가지로 일반고 1~2등 중에서 합격자가 나온다. 자사고의 경우 1.7등급 전후, 전교 3~10등 수준이다. 동국경주한의대 1.9등급, 상지한의대 2.04등급, 대구한의대 2.03등급, 가천한의대 2.6등급을 보이고 있다.

대학	전형	2024	2023	2022	경쟁	50% 컷	70% 컷	수능최저(22)
우석대	교과	10	11	8	33.25	1.0	1.0	3합 6(2절사)
대전대	교과	15	14	14	21.21	1.04	1.06	3합 5(2)
동신대	교과	12	12	12	32.42		1.12	3합 5(1)
대구한의대	교과	12	10	12	45.42	1.2	1.3	4합 8(1)
대구한의대	교과면접	9	8	12	25.75	1.18	1.22	4합 9(1)
상지대	교과	5	5	5	33.6	1.31	1.39	3합 5(2절사)
대전대	교과면접	15	13	21	14.71	1.35	1.45	3합 5(2)
동국대(경주)	교과	17	15	19	39.84	1.4	1.5	국수과(1) 합5, 영2
동의대	학종	9	8	10	29.7	1.44		없음
부산대	교과	0	5	5	42.6	1.47	1.46	3합 4(1)
대전대	학종	5	5	5	45.2	1.56	1.83	없음
동의대	교과	10	9	10	20.4	1.57		국영수 합5
원광대	학종	9	10	13	17.08	1.66	1.67	3합 6(2), 수학필
경희대	학종	22	22	30	10.97	1.7		3합 4(1)
가천대	교과	5	3	3	16.33	1.7		2개 1등급(2)
동국대(경주)	학종	8	6	6	33.33	1.9	2.0	국수과(1) 합5
상지대	학종	7	7	10	27	2.04	2.1	3합 5(2절사)
대구한의대	학종	8	9	10	36.2	2.03	2.27	4합 9(1)
가천대	학종	10	12	12	15.67	2.6		2개 1등급(2)

수시 한의대 지역인재 결과를 살펴보자. 교과전형이나 학종이나 50% 커트라인을 확인해보면 전체적으로 1.5등급 이하인 곳이 50% 정도이다. 1.6~1.8등급대가 역시 50% 정도이다. 동국경주한의대 지역인재학종만 유일하게 2.2등급을 보여주고 있다. 동국경주한의대 커트라인이 높은 이유는 역시 수능최저이다. '국어, 수학, 과탐(1과목 반영) 합5' 영어를 제외하고 1등급 1과목에 2등급 2과목

을 받아야 한다. 한의대 지역인재전형 중에서는 부산한의대를 제외하고는 가장 높다. 수능최저가 높으면 내신 커트라인은 하락한다는 원칙이 여기에도 적용되고 있다.

대학	전형	2024	2023	2022	경쟁	50% 컷	70% 컷	수능최저(22)
우석대	교과지역	13	12	6	17	1.0	1.0	3합 6(1)
동신대	교과지역	16	15	8	26.5	1.0	1.0	3합 5(1)
세명대	교과지역	18	18	7	14		1.4	국수영 합5(2)
동의대	교과지역	14	9	10	13.6	1.36		국영수 합5
원광대	학종지역전남	9	9	8	11.38	1.48	1.53	3합 6(1), 수학필
상지대	학종지역	7	10	9	7.67	1.56	1.54	3합 5(2절사)
부산대	교과지역	15	15	15	21.33	1.63	1.72	3합 4(1)
원광대	학종지역전북	12	11	10	11.9	1.77	1.97	3합 6(1), 수학필
대전대	학종지역	0	0	5	16.2	1.79	1.98	3합 6(2)
대구한의대	학종지역	16	14	11	25	1.83	1.9	4합 9(1)
동국대(경주)	학종지역	14	14	12	16.33	2.2	2.3	국수과(1) 합5

한의대 정시 결과는 다음과 같다. 전체적으로 치대 정시 결과보다 1% 정도 낮은 합격 백분위를 형성하고 있다. 확실히 의대 아래 치대, 치대 아래 한의대의 층이 형성되는 것을 확인할 수 있다.

대학	전형	군	모집	국어	수학	탐구	평균	영어
경희대	정시	나	32	96%	99%	93.5%	96.2%	1
부산대	정시	나	5	93%	100%	97.5%	96.8%	2
동국대(경주)	정시	다	32	98%	98%	92%	96%	1
대전대	정시	가	19	98%	95%	96.5%	96.5%	1

대학	전형	군	모집	국어	수학	탐구	평균	영어
우석대	정시	나	7	93%	98%	98%	96.2%	1
원광대	정시	나	36	96%	96%	97%	96.2%	2
동신대	정시	가	20	98%	96%	98%	97.3%	1
대구한의대	정시	나	20	96%	99%	98%	97.7%	2
동의대	정시	나	15	98%	98%	87%	94.3%	1

5) 약대

· · · · · · ·

2022학년도 수시 약대 전국모집 교과전형 입시 결과(출처: 대학어디가)

대학	전형명	2024	2023	2022	50% 컷	70% 컷	2022 수능최저
덕성여대	학생부 100%	25	15	15	1	1	3합 6(2), 수학 필
삼육대	일반	2	4	4	1	1	3합 5(1)
충북대	학생부교과	3	3	4	1	1.04	3합 7(2), 수학 필
우석대	교과중심	8	8	16	1	1	3합 6(2), 수학 필
가톨릭대	지역균형	4	5	5	1.1	1.13	3합 5(1)
동국대	학교장추천인재	4	3	3	1.11	1.17	없음
숙명여대	지역균형선발	5	5	3	1.13		3합 5(1), 수학 필
전남대	일반	9	9	13	1.14	1.15	3합 6(1)
연세대	추천형	6	6	6	1.22	1.3	없음
경북대	일반학생	10	10	10	1.23	1.27	3합 5(1)
고려대(세종)	학생부교과	0	3	6	1.25	1.34	3합 5(2)

대학	전형명	2024	2023	2022	50% 컷	70% 컷	2022 수능최저
강원대	일반	15	15	15	1.3	1.48	국'수'과과 합 7 영2
경상국립대	일반	6	8	6	1.31	1.39	3합 6(1), 수학 필
조선대	일반	21	19	38	1.32	1.33	3합 6(1)
중앙대	지역균형	8	6	5	1.33	1.39	4합 5(1), 한4
제주대	일반학생	10	10	10	1.38	1.43	3합 7(2절사), 수학 필
계명대	일반	3	3	4	1.38	1.38	3합 5(1)
동덕여대	학생부교과	12	24	24	1.42	1.47	국수과(2) 합 4
목포대	교과일반	6	6	16	1.43	1.48	3합 6(1)
인제대	약학	8	8	9	1.43	1.47	4합 7(1)
전북대	일반학생	4	4	4	1.46	1.71	3합 6(2), 수학 필
가천대	지역균형	3	3	3	1.5	1.5	3합 5(2절사)
경성대	일반계고교과	10	10	15	1.5	1.69	3합 5(2절사)
한양대(에리카)	지역균형선발	5	5	5	1.53	1.6	없음
충남대	일반	16	16	17	1.65	1.72	국영과(2) 합 5
영남대	일반학생	17	17	17	1.78	1.79	4합 6(1), 한4
차의과학대	CHA학교장추천	6	4	5	1.79	1.88	국수과(2) 합 6

약대는 2022학년도에 다시 학부 모집(2021학년도까지는 약학전문대학원 모집)을 시작하면서 한의대와 약대 중에 어디가 더 높은지, 약대 입시가 상위권 공대 커트라인을 낮출 것인지 궁금해하는 사람들이 많았다.

결론부터 말하자면 2022약대 첫 입시 결과는 '수시 강세, 정시 약세'로 표현할 수 있다. 수시는 어느 의대에도 크게 뒤지지 않는 결과를 보여주었다. 위의 표는 수시 약대 교과전형 결과인데 대부분의 약대는 1.5등급 이하의 50% 커트라인으로 나타났다. 1.5등급 넘는 대학이 한양대(에리카), 충남대, 영남대, 차의과학대 약학대학 정도였다. 의대나 치대에 비해 수능최저가 낮기 때문에 내신 커트라인이 높은 것은 당연한 결과이다.

2022학년도 수시 약대 전국모집 학종 입시 결과(출처: 대학어디가)

대학	구분	전형명	2024	2023	2022	50% 컷	70% 컷	2022 수능최저
충북대	종합	학생부종합 I	3	3	4	1.02	1.05	없음
덕성여대	종합	덕성인재 I	20	25	25	1.24	1.31	없음
동국대	종합	Do Dream	9	9	9	1.4	1.77	없음
원광대	종합	서류면접	12	12	14	1.42	1.46	3합 7(2), 수학 필
중앙대	종합	다빈치형	15	12	10	1.43	1.74	없음
성균관대	종합	학과모집	30	30	30	1.44	1.85	없음
전남대	종합	고교생활우수	4	4	6	1.46	1.6	3합 7(1)
가천대	종합	가천의약학			12	1.5	2.5	3합 5(2절사)
숙명여대	종합	면접형	22	22	15	1.57	2.15	없음
경희대	종합	네오르네상스			20	1.6		없음
서울대	종합	일반	29	29	32	1.62	1.87	없음
대구가톨릭	종합	종합인재	5	5	5	1.66	1.73	3합 6(1)
단국대(천안)	종합	DKU인재	8	8	8	1.78	1.93	3합 6(2)
이화여대	종합	미래인재	16	20	20	1.8	1.9	4합 5(1)
중앙대	종합	탐구형인재	22	15	15	1.8	2.37	없음
한양대(에리카)	종합	일반	12	9	9	2.78	3.09	없음

수시 약대 전국모집 학종은 수능최저가 없는 전형이 많다. 그러나 교과전형과 50% 커트라인에서 현저한 차이를 보이는 대학은 많지 않다. 충북약대 학종은 수능최저 없는 의약학계열의 전형적인 모양새다. 50% 커트라인이 1.02등급이다. 수능최저 없는 덕성여대 약학대학이 1.24등급이다. 의대만큼은 아니지만 일반고 전교 1등이나 2등 성적인 점엔 의심이 없다. 원광약대가 1.42, 전남약대

가 1.46등급이다. 지역 약대 학종이 1.4등급대가 많은 이유는 1.3등급보다 좋은 내신의 일반고 학생들은 의대교과전형이나 치대교과전형으로 대부분 합격이 가능하기 때문이다. 약대의 특징 중에 하나는 의대나 치대처럼 지역을 넘어서는 지원에 소극적이라는 점이다. 그래서 수도권과 지방 약대의 커트라인 차이도 크게 나타나지 않는다.

약대 학종의 결과를 보면 이화여대가 유독 눈에 띈다. 20명을 학종으로 선발했는데 수능최저가 무려 4합 5(과학 1과목 반영)이다. 솔직히 4합 5(1)를 맞추면 어디 의대도 가능할 수능 성적이다. 실제 이화여대 약학대학의 2022학년도 정시 70% 커트라인은 등급 합으로 표현하면 '4합 6'이었다. 정시커트라인이 수시 수능최저보다 낮았다. 약대 학종 중에 70% 커트라인이 낮은 대학들이 눈에 보인다. 숙명여대 약학대학 면접형 학종이 2.15등급이다. 과학고 학생들과 유명 자사고 학생들이 많이 지원하고 합격했을 것으로 추정된다. 중앙약대 학종 중 탐구형은 2.37등급이다. 역시 영재학교나 과학고 학생이 많이 합격한 것으로 추정된다. 한양에리카약대는 무려 3.09등급이다. 마찬가지 상황일 것이다. 명심하자 숙명약대, 중앙약대, 한양에리카약대는 특목 · 자사고 선호도가 높다.

2022 약대 수시 지역인재 결과(출처: 대학어디가)

대학	구분	전형명	2024	2023	2022	50% 컷	70% 컷	2022 수능최저
충북대	교과	지역인재	5	5	4	1	1.07	3합 8(2), 수학 필
우석대	교과	지역인재	19	19	12	1	1	3합 6(1), 수학 필
경상국립대	교과	지역인재	5	7	5	1.21	1.23	3합 6(1), 수학 필
전남대	교과	지역인재	25	25	18	1.27	1.29	3합 7(1)
인제대	교과	지역인재	5	10	9	1.35	1.44	4합 7(1)
계명대	교과	지역	8	7	8	1.41	1.44	3합 5(1)

대학	구분	전형명	2024	2023	2022	50% 컷	70% 컷	2022 수능최저
전북대	교과	지역인재	0	14	15	1.43	1.53	3합 7(2), 수학 필
원광대	종합	지역인재 (전북)	11	11	11	1.45	1.6	3합 7(1), 수학 필
강원대	교과	지역인재	10	10	11	1.46	1.6	국'수'과과 3합 8 영2
경성대	교과	지역인재	19	19	15	1.5	1.87	3합 5(2절사)
순천대	교과	지역인재	13	13	9	1.56	1.61	3합 6(2), 수과 필
대구가톨릭	교과	지역교과	23	23	20	1.58	1.71	3합 5(1)
조선대	종합	지역인재	22	24	13	1.59	1.66	3합 6(1)
원광대	종합	지역인재 (광주 · 전남)	7	7	5	1.6	1.61	3합 7(1), 수학 필
부산대	교과	지역인재	14	14	10	1.63	1.65	3합 4(1), 수학 필 한4
제주대	교과	지역인재	10	10	10	1.65	1.8	
부산대	종합	지역인재	14	14	16	1.74	1.84	3합 4(1), 수학 필 한4
충남대	교과	지역인재	7	7	8	1.79	1.84	3합 7(2절사)
경북대	종합	지역인재	14	15	15	1.91	2.23	3합 5(1)
영남대	교과	지역인재	18	18	25	2.20	2.41	4합 6(1), 한4

약대 수시 지역인재는 대부분 교과전형이기 때문에, 약대 학종 준비는 필요하지 않다. 약대가 목표라면 어떻게든 내신 등급을 올리는 것이 좋다. 자사고나 특목고가 유리한 것도 없다. 그냥 내신 따기 쉬운 학생 수 많은 고등학교에 가서 내신 등급을 확실히 관리하면 된다. 수능최저도 다른 의대나 치대에 비해 낮기 때문에 내신이 더 중요하다.

다시 강조하지만 학종은 나쁜 내신 성적을 보완하려고 준비하는 것이 아니다. 그 냥 비슷한 성적인 학생 사이의 경쟁에서 조금이나마 우위를 선점하기 위해 하는 것이다.

2022학년도 약대 정시 모집 결과(출처: 대학어디가)

대학	군	모집	국어	수학	과학	평균	영어
조선대	가	14	99%	97%	95%	97%	1
성균관대	가	30	98%	100%	95%	96.8%	2
원광대	나	10	98%	96%	97%	96.7%	1
삼육대	다	14	97%	96%	96%	96.3%	2
경상국립대	가	9	99%	96.5%	93.5%	96.3%	2
강원대	가	15	94%	97.6%	96%	95.9%	2
영남대	나	28	95%	98%	94.5%	95.8%	2
이화여대	나	70	98%	98%	91%	95.7%	2
계명대	다	5	98%	95%	94%	95.7%	1
부산대	나	28	92%	99%	95.5%	95.5%	2
연세대	가	16	93%	98%	95.5%	95.5%	1
전북대	나	9	94%	100%	93%	95.5%	
덕성여대	가	40	95%	96%	95%	95.33%	1
중앙대	가	70	94%	99%	93%	95.3%	2
동덕여대	나	16	98%	95%	93%	95.3%	1
한양대(에리카)	나	17	96%	98%	91%	95%	2
우석대	나	16	93%	97%	95%	95%	1
동국대	가	12	98%	99%	85%	94%	2
충북대	가	5	96%	99%	89.5%	94.8%	1

대학	군	모집	국어	수학	과학	평균	영어
서울대	나	21	98%	99%	87%	94.7%	2
경희대	가	12	92%	99%	92%	94.3%	1
충남대	나	10	92.7%	100%	90.9%	94.3%	2
아주대	다	15	91%	99%	92.5%	94.2%	1
경북대	가	5	93%	99%	89%	93.7%	1.6
차의과학대	가	21	87%	99%	95%	93.7%	2
숙명여대	나	62	95%	98%	87.5%	93.5%	1
단국대(천안)	가	22	87%	99%	94%	93.3%	1
고려대(세종)	나	9	93.4%	100%	85.6%	93%	1
전남대	나	18	96%	98%	85%	93%	1
인제대	가	15	99%	95%	89%	93%	1
대구가톨릭대	나	20	96.5%	93.4%	84.6%	91.5%	1
목포대	가	15	86.6%	100%	89.7%	84.5%	1

약대 정시 결과는 몇 가지 특징이 있다.

첫째, 확실히 대학별 스펙트럼이 넓다. 최종 등록생의 국·수·과 평균 백분위가 84.5~97% 사이에 넓게 분포한다. 둘째, 한의대보다 1~2% 정도 낮게 형성된다. 셋째, 수시와 정시의 격차가 의.치.약.한.수. 중에 가장 크다.

스펙트럼이 넓은 이유는 워낙 많은 대학에서 소수의 인원을 선발하고, 과목별 반영 방법이 다양하다 보니 단순 백분위로 비교해서 판단하기에 어려운 점이 있다. 하지만 전반적으로 '의대 → 치대 → 한의대 → 약대=수의대'의 순서를 유지하고 있다고 보기에는 문제없다.

2022학년도 수능 수학 1등급 분포(출처: 한국교육과정평가원)

표준점수	남자	여자	계	비율	인원
147	2,163	539	2,702	0.63%	2,702
146	21	3	24	0.63%	2,726
145	173	31	204	0.68%	2,930
144	2,735	785	3,520	1.50%	6,450
143	6	0	6	1.50%	6,456
142	126	30	156	1.54%	6,612
141	2,451	858	3,309	2.31%	9,921
140	1,103	353	1,456	2.65%	11,377
139	135	25	160	2.68%	11,537
138	978	392	1,370	3.00%	12,907
137	3,687	1,437	5,124	4.20%	18,031

　수시와 정시의 격차가 큰 이유는 여학생 선호도가 높은 모집단위란 특성이 작용했다고도 볼 수 있다. 여학생이 상대적으로 내신이 좋다. 반면 정시에서 수능을 잘 본 자연계열 학생들은 남학생이 더 많다. 여학생이 수능에 약하다는 의미가 아니다. 위의 표는 2022학년도 수능 수학 1등급 분포를 보여준다. 표에서 확인해보면 수능에서 1등급 학생 중에 남학생이 더 많다. 그런데 교육과정 평가원이 선택과목별로 응시인원 남녀 비율은 발표하지 않고 있다. 하지만 추정컨대 여학생이 수학에서 미적분이나 기하를 선택하는 인원 차체가 적은 것으로 보인다. 그러니 정시에서 약대를 노리는 여학생이 수시에서 약대를 노리는 여학생보다 상대적으로 소수이다. 수시 커트라인은 상승하고 정시 커트라인은 하락하는 현상을 보이는 것은 당연한 결과일 것이다.

약대 입시 준비 전략

약대가 목표가 아니라 의대, 치대, 한의대까지 진학 대상으로 고려하는 학생이라면, 의대를 준비하면서 성적에 따라 희망학과를 선택하면 된다. 특히 약대 정시 커트라인은 의대나 치대에 비해 낮기 때문에, 수시로 의대 준비하다 내신에 부담을 느끼면 정시로 약대에 진학하면 된다. 고등학교 1학년 때부터 내신 시험이 끝날 때마다 수시로 합격이 가능한 의, 치, 한, 약대 목록을 작성해보는 것이 도움이 된다. 또 모의고사 결과가 나올 때마다 '대학어디가'를 참고하여 정시로 진학 가능한 대학을 점검해둘 필요도 있다.

반대로, 오로지 약대만 바라보는 학생이라면 고1과 고2 내신 등급을 확실히 만들어야 한다. 약대는 교과 전형이 특히 많고, 학종의 경우도 의대에 진학하려는 수능 최상위권 학생의 경우에는 지원하지 않기 때문에(왜냐하면 수시에 약대 합격하면 수능을 만점 받아도 정시에 지원할 수 없다.) 오히려 내신의 영향력이 의대나 치대보다 더 크다. 조금이라도 높은 점수를 확보하기 위해 무조건 내신 등급과 전교 등수를 높여야 한다. 만약 고1 때 내신이 2등급을 넘었다면 수시로는 약대 진학이 어렵다는 점을 인정하고 정시 준비에 매진해야 한다. 일반고 내신 2등급으로 갈 수 있는 약대 수시는 없다. 하지만 약대는 정시 커트라인이 높지 않기 때문에 고2부터 착실히 준비하면 정시로 충분히 갈 수 있다. 수학이 부족한 학생도 걱정하지 말자. 수학 대신 과학을 1등급 받으면 된다. 이과의 특성상 수학이나 과학이 모두 가산점을 받는 대학이 많다. 수학에 자신이 없으면 "수학 2등급 + 과탐 1등급" 받으면 된다. 물론 수학과 과학을 동시에 1등급 받으면 좋겠지만 둘 중 하나만 받아도 된다. 대부분의 약대들이 수학은 1등급이고 과탐이 2등급이다. 하지만 수학에 자신 없으면 반대로 받으면 된다. 어차피 수학과 과탐에 모두 가산점이 있는 대학이 대부분이다. 안 되는 내신을 붙잡느라 수능에서 수학 1등급도, 과탐 1등급도 놓치게 되는 것이 오히려 가장 문제다. 고2부터 화학Ⅰ, 생명과학Ⅰ을 실전처럼 학습하고 문제풀이하면 고3까지 20번 이상 반복하는 것도 가능하다. 이렇게 둘 다 1등급 받으면 수학 1등급 받은 것 보다 더 가치가 클 수도 있다.

6) 고교별 입시 결과
. . . .

　　의대 입시는 각 고등학교 별로 의약학계열 입시 결과를 보면 가장 확실하다. 어느 학교에서 의대나 치대에 가장 많이 합격했는지, 합격의 비법이 무엇인지 확인해보자. 여기에 언급한 입시 결과는 언론에 보도된 내용을 필자가 정리한 것이다. 이 자료에서 입시 '경향성'을 찾아보도록 하자.

　　2022학년도 의약학계열 입시 1위는 서울 강남구에 있는 광역 자사고 휘문고 이다. 의대만 151건 합격, 여기에 재학생만 47명이다. 물론 졸업생이 104건으로 더 많이 합격했다. 필자가 이 학교 지원을 희망하는 학부모들을 대상으로 입시 교실을 운영한 적이 있는데 대학 입시나 공부법 강의는 관심 엄청났지만, 마지막 강의로 준비한 진로 선택에 대한 강의는 호응이 전혀 없었다. 이유는 간단했다. 진로는 이미 의대로 정해졌기 때문에 굳이 할 필요가 없었기 때문이다. 경기 고양시에 살던 의사 가족은 이 고등학교에 진학하려고 중학교 2학년 때 대치 동으로 이사를 왔다고 했다. 경기도 뿐 아니라 대구에서 올라오는 학생들도 있었다.(이제 지역인재가 늘어나면서 이런 경우는 거의 없어졌다.) 이 학교에 400명 정도의 신입생이 입학하면 350명 정도가 이과를 지향하고, 그 중 적어도 100명 이상이 의대 진학을 1차 목표로 생각한다. 전교 10등 안에 들면 수시 학종으로, 아니면 정시 준비를 빨리 시작해서 고3 때 정시로 의대에 진학한다. 의대에 가지 못하면 재수, 삼수도 감수한다.

휘문고에서 의대를 가장 많이 진학하는 방법은 정시이다. 수시 학종으로 의대에 진학한 학생은 대략 7명 정도로 파악되며, 8명이 논술로 의대에 진학했다. 그럼 나머지는 모두 정시로 진학한 셈이다. 자사고인 휘문고가 수시로 대학을 가는 방법은 학종이나 논술인데, 최근 대학이 정시와 지역인재 모집인원을 늘리면서 학종과 논술전형의 모집 인원을 줄였다. 작년 107건이었던 의대 합격 건수가 151건으로 늘어난 이유는 정시가 증가했기 때문이다. 작년 154건으로 1등이었던 전북 전주의 자사고인 상산고는 올해 의대 합격이 126건으로 약간 줄었는데, 학종의 감소가 이유일 수 있다. 학종에 맞춰진 자사고 프로그램은 정시 의대 진학 준비에는 도움이 되지 않는 경우가 있다. 학종의 과잉은 수능 성적 하락으로 이어질 가능성이 크다. 다음으로 서울 서초구에 있는 자사고인 세화고인데, 작년 69명이던 합격 건수가 96건으로 증가했다. 세화고는 의치한약수를 구분해서 언론에 제공하지 않아서 의치한약수를 모두 합한 숫자이다. 비록 의치약한수를 모두 합한 숫자이긴 하지만 역시 의치한약수 정시 모집인원 증가와 관련되어 있는 것으로 보인다.

어느 고등학교든 수시로 의대 보낼 수 있는 인원에는 한계가 있다. 교과전형은 내신 평균 등급으로 선발하기 때문에 1등급 초반의 학생을 더 많이 늘리는 것은 불가하다. 그럼 학종을 준비하는 인원을 늘리는 방법이 있는데, 대학마다 학종 선발 인원을 줄여가고 있는 추세라 의대 학종 합격생은 늘어날 수 없다. 그러니 결국 개별 고등학교에서 의대 합격생 숫자가 늘어났다는 것은 정시 합격 인원이 늘어났다는 의미이다. 앞서 언급한 세 고등학교의 공통점은 중학교 때부터 엄청난 사교육 훈련, 즉 수능 준비를 한 사람이 많다는 것이다. 수시와 달리 정시는 수능 점수만 높으면 고등학교가 어디든 재학생이든 졸업생이든 구분하지 않고 컴퓨터가 성적순으로 합격자를 발표한다. 수능만 잘 보면 전교생이 의대에 진학할 수도 있다. 경기 화성시에 있는 화성고처럼 애초에 정시에만 초점을 맞추고 대학입시를 준비하는 고등학교가 각광을 받기 시작하는 이유이다.

다음으로 대구 수성구에 위치한 일반고인 경신고이다. 2021년 84건에서 2022년 73건으로 합격 건수가 감소하긴 했지만 여전히 전국에서 가장 높은 입시 결과를 보여주고 있다. 합격자 감소의 원인은 지역인재 모집 인원의 증가로 보인다. 경북의대 학종 준비를 너무 열심히 하다 보니 수능에서 1문제 더 틀렸을 수도 있다는 말이다. 학종 준비와 수능 준비는 '제로섬 게임'에 가깝다. 어느 순간에 학종 준비를 그만 둘 것인지 판단하는 것이 의대 입시에서 가장 중요하다. 개인적으로는 빨리 포기하는 것이 좋다고 본다. 위에서 언급한 학교의 학생들이라면, 내신 평균 등급이 2등급을 넘었을 때 학종 준비를 멈추고 정시에 심혈을 기울이는 것이 맞다. 평균 2등급의 성적으로 학종 전형을 통해 진학이 가능한 의대는 가천의대와 경북의대 정도인데, 이를 위해 학종을 준비하는 것은 시간도 많이 들고, 그 사이에 수능 준비도 제대로 못하게 되는 좋지 않은 선택지일 수 있다. 위 학교의 상위권 학생들이라면 충분히 학업 능력이 있는 학생들이니까 수능 준비에 시간을 더 투자하면 정시로 서울권 의대에 입학할 수 있다. 의대가 아니라 공대에 가는 것이 목표라면 당연히 학종 준비해서 합격하는 것이 더 효율적일수도 있다. 하지만 의대는 아니다. 성적이 1등급이 아닌데 학종으로 의대에 가겠다는 것은 정말 환상에 가깝다. 의대 진학도 못하고, 수능 준비도 제대로 못해서 실력 발휘도 제대로 못하는 경우가 생길 가능성이 정말 크다. 고등학교 입장에서는 '의대 학종 준비하다 안 되면 상위권 대학 학종으로 공대 진학하는 것도 방법'이라고 생각할 것이다. 학교가 학생보다 의대 진학이 간절할 리가 없다. 그러니 의대를 목표로 한 학생이라면 자기 주관이 필요하다.

다음이 서울 양천구에 있는 일반고인 강서고이다. 2022년 72건의 합격이 있었다. 작년이 49건이었으니 무려 23건이 증가했다. 역시 정시가 늘어난 덕으로 보인다. 이제 양천구에서도 강남구와 마찬가지로 '의대는 수능'이는 공식이 좀 더 명확히 자리할 가능성이 커졌다. 최근 양천구에서도 특목고나 자사고 입시를 준비하는 중학생이 감소하고 있다. 의대 열풍이 중학생의 수능 선행 증가로 이어지고 있는 것으로 보인다. 2020학년도 52건, 2021학년도 80건의 합격 건수를 보인 경기도 용인시의 자사고인 외대부고는 2022년 결과를 공개하지 않았다. 이유는 여러 가지가 있겠지만 의대 입시 결과가 작년보다 줄어들었을 가능성이 크다. 서울대 입시 결과는 올해도 여전히 발표했기 때문이다. 입시 결과 자체를 절대 발표하지 않겠다는 입장은 아닌 셈이다. 올해 결과도 아마 이정도 위치일 것으로 보인다. 이와 대조적으로 그동안 의대 입시 결과가 잘 공개되지 않던 강남구에 있는 자사고인 중동고는 올해 의대 입시 결과를 언론에 언급했다. 합격 건수로 62건이다. 앞으로도 지속적으로 상승할 것이라 예상한다. 왜냐하면 정시가 늘어난다는 것은 수능에 특화된 강남구 학생들에게 유리하게 작용하기 때문이다.

다음으로 합격 건수가 높은 고등학교는 울산에 있는 자사고인 현대청운고이다. 졸업생이 173명으로 다른 고등학교에 비해 소수의 졸업생을 배출했음에도 53건의 합격 건수를 자랑한다. 이중에서 부산의대 합격생이 6명으로, 부·울·경 지역인재 모집 인원 증가의 혜택을 받은 것으로 보인다. 이어 서울 강남구의 일반고인 단대부고 52건, 경기 성남시 분당구의 일반고인 낙생고가 48건, 경북 포항시의 자사고인 포항제철고등학교가 역시 48건의 합격 건수를 보였다. 다음으로 서울 강남구의 일반고인 숙명여고가 여고 중에 최다 합격 건수로 이름을 올렸다. 숙명여고의 합격 건수는 45건이다. 부산 유일의 자사고인 해운대고가 41건으로 뒤를 잇고 있다. 그밖에 대구 수성구 대륜고 40건, 서울 강남구 진선여고 38건, 경기 화성시 화성고 37건, 대구 수성구 능인고 34건, 충남 공주시 한일고 34건, 대전의 자율형 공립고인 충남고 31건, 대구 수성구 대구여고 26건, 대구 수성구 경북고 25건 등이 의대 입시에서 두각을 나타낸 고등학교이다.

지역으로 보면 서울 강남구, 대구 수성구가 압도적으로 많은 합격자를 배출하고 있다. 두 지역의 차이점은 서울 강남구는 정시가 압도적으로 많고 대구 수성구는 지역인재가 더 많은 것으로 추정해볼 수 있다. 두 지역의 공통점은 수능 역량이 높은 지역이라는 것이다. 적어도 수능최저 충족에 문제는 없다.

고등학교 유형으로 보면 전국단위 자사고가 의대 입시에 성공한 경우가 많은데, 수시로 일정 등수까지 의대에 합격하고 나머지 학생들도 정시로 합격하고 있기 때문인 것으로 보인다. 고등학교별 의대 입시 결과를 분석해보면 다음과 같이 정리해볼 수 있겠다.

1. 의대 다수 배출 고등학교 의대 입학 건수는 정시 합격의 비중이 높다.
2. 우리 학교 수시 합격 결과와 내 성적을 빨리 파악하고 정시 준비를 시작할지 여부를 결정해야 한다.
3. 지역인재가 가능한 지역과 수도권 지역의 의대 입시 전략은 차이가 있다.
4. 의대 합격 건수가 많은 고등학교는 중학교 때 수능 준비를 많이 한 학생들이 많다.
5. 학종 준비와 정시 준비는 제로섬 게임에 가깝다.

CONCLUSION

무엇을
할 것인가?

FACT CHECK

1) '숫자'를 확인하라

. . . .

　일단 전체 의치한약수의 모집 인원과 수능최저 등 정보를 하나의 표로 만들어서 한 눈에 봐야 한다. 표를 만들기 어려우면 인터넷 검색을 통해 자료를 다운 받으면 된다. 진학 정보를 제공하는 곳이 많다. '눈 가리고 코끼리 만지기'식으로 조각난 정보로 접근하면 안 된다. 이런 경우는 문제가 생기는데, 학종이 의미 없는 지역인재전형을 준비하면서 '세특'만 신경 쓰는 경우가 이런 상황에서 생기는 대표적인 문제이다. 내신 0.1등급을 올리려고 수능을 놓아버리는 바람에 수능최저를 맞추지 못해 의대 입시에 실패하는 학생들이 너무도 많다. 의학계열을 준비하는 이과 학생이라면 더더욱 감성적으로 접근하지 말고 숫자로 확인하는 습관을 가져야 한다. 표를 만들어서 눈에 보이는 곳에 붙여놓고 계속 보면서 확인하자.

> ### 🔍 의대 입시의 출발
>
> **의대 입시는 반드시 숫자로 확인해야 한다.**
> 1. 대학별 전형별 모집 인원 확인
> 2. 전년의 입시 결과 확인
> 3. 수시의 경우 수능최저 기준 확인
> 4. 수능최저 충족 인원과 비율 확인
> 5. 우리 학교 선배들의 수시와 정시 결과 확인

　고등학생의 경우 중간고사와 기말고사가 끝날 때 마다 내 성적으로 수시 지원이 가능한 의학계열은 어느 학교가 있는지 확인해야 한다. 모의고사 이후에는 수능최저가 가능한 학교와 정시로 갈 수 있는 학교를 확인해야 한다. 이렇게

결론: 무엇을 할 것인가

2023 대학	교과 전국 일반 인원	교과 전국 일반 최저	교과 전국 일반 면접	교과 전국 일반 50% 컷	교과 지역 일반 인원	학종 전국 일반 인원	학종 전국 일반 최저	학종 전국 일반 면접	학종 전국 일반 50% 컷	학종 전국 일반 인원	학종 특이 성격	학종 특이 최저	학종 지역 일반 인원	논술 전국 일반 인원	논술 지역 일반 인원	수능 전국 일반 인원	수능 전국 일반 70% 컷	수능 지역 일반 인원	합
서울대	42	3합 7(2)	수능후	1.05	0	53	없음	수능후	1.18	0			0	0	0	40	99.20%	0	135
연세대	22	없음	수능전	1.0	0	44	2개 1(교과), 영3	수능후	1.18	0			0	0	0	44	99.30%	0	110
가톨릭대	10	4합 5(2절사)	수능후	1.02	0	25	3합 4(2절사)	수능후	1.18	2	사계추천	수능후	0	19	0	37	99%	0	93
성균관대	0				0	20	없음	수능전	1.09	0			0	5	0	15	99%	0	40
울산대	0					10	3합 3(2번올림)	수능후	1.16	0			14	3	2	10	99.20%	0	39
고려대	30	4합 5(2)	없음	1.2	0	30	4합 5(2)	수능후	1.4	15	계열적합	없음	0	0	0	25	98%	0	100
경희대	11	3합 4(1)	없음		0	40	없음	수능후	1.3	0			0	15	0	44	98.50%	0	110
한양대	0				0	42	없음	없음	1.68	0			0	0	0	68	99%	0	110
중앙대	0				0	11	없음	수능후	1.83	11	탐구형	없음	0	14	0	50	98.30%	0	86
이화여대	0				0	13	4합 5(1)	없음	1.2	0			0	0	0	63	98%	0	76
가천대	5	3개 1(2절사)	수능후	1.1	0	20	3개 1(2절사)	수능후	2.0	0			0	0	0	15	98.60%	0	40
아주대	0				0	20	4합 5(2)	수능후	2.13	0			0	10	0	10	98.50%	0	40
인하대	8	3개 1(2)	없음	1.12	0	16	없음	수능후	1.34	0			0	9	0	16	96.80%	0	49
합	128				0	344				28			14	75	2	437		0	1,028

156

해야 내신과 수능 학습의 균형을 맞출 수 있다. 이는 1학년부터 들여야 할 습관이다. 의대입시에서 가장 경계해야 할 것이 '선 내신, 후 수능'이다. 의대를 노릴 정도 학생이면 당연히 **내신과 수능을 같이** 해야 한다.

의대 합격에 필요한 것은 수능과 내신 등급이 전부이다. 그러니 가능하면 매달, 매주, 아니 매일이라도 숫자로 확인해야 한다. 고3은 수능 모의고사 성적과 내신 성적이 거의 확정적이니 확인하기 쉽다. 하지만 고2는 어렵다. 여전히 내신의 중요성이 높다보니 수능을 무시하게 되는 일도 벌어진다. 수학 I, 수학 II, 화학 I, 생명과학 I, 문학, 독서 등 내신과 수능 과목이 일치하는 경우는 내신과 수능 준비가 같이 가능하지만, 확률과 통계, 물리 I, 제2외국어 등은 그렇지 않다. 오히려 내신 준비 과정이 수능 준비에 방해가 되는 경우도 있다. 내신은 단원 순서대로 2달 분량이 시험 범위이다. 그러니 1학기 중간고사 준비를 위해 1단원을 공부하고 시험이 끝나면 기말고사에는 1단원은 방치하고 2단원만 공부하게 된다. 기말고사가 끝날 때면 1단원은 가물가물해진다. 2학기가 되면 수학 II에만 몰입하면서 수학 I은 방치 상태가 된다. 물리 I 내신에 부담이 되니 정작 수능에 응시할 화학 I과 생명과학 I을 상대적으로 덜 공부하게 되는 경우도 생긴다. 그러니 의대를 목표로 하는 고2는 내신과 수능 공부의 비중을 잘 조정해야 한다. 그렇다고 고2의 수능 공부가 특별한 것은 아니다. 적어도 매주 국어 모의고사 1~2회, 수학 I과 수학 II 전 범위가 포함된 모의고사 1회 이상, 수능에서 응시할 과탐 두 과목 모의고사 풀어보기를 지속하는 정도면 된다.

고1은 1년에 시험이 7회라는 사실을 명심해야 한다. 7번의 시험을 동일한 비중으로 준비해야 한다. 서울의 경우, 입학 후 곧바로 3월 모의고사를 본다. 매우 중요한 시험이다. 범위는 중학교 범위이다. 적어도 최근 기출문제를 풀어서 숫자를 잘 받으려고 노력해야 한다. 태어나서 17년 만에 처음으로 동일한 시험을 통해 전국에서 등수를 확인할 수 있는 시험이다. 예를 들면 2021년 3월 모의고사 국어에 216,137명이 응시했다. 성적표를 확인하면 점수, 학교 석차, 전국 백분위가 나온다. 전국 백분위가 91.14%로 나오면 전국 응시생 216,137명 중 19,150등인 셈이다. 그리고 학교 전교 등수도 나온다. 262명이 전교생인 고교에서 교내 석차가 51등이라면 교내 백분위가 19%이니 중간고사 예상 내신 등급은 3등급이라고 볼 수 있다. 이런 것을 볼 수 있는 너무도 중요한 시험이라는 말이다.

의대를 목표로 하는 중학교 3학년 중에 선행학습을 하지 않는 경우는 거의 없다. 선행학습의 핵심은 물론 수능이다. 좀 더 정확히 표현하면 수능 개념 완성이다. 수학은 수학Ⅰ과 수학Ⅱ, 고등학교 1학년 과정에 해당하는 수학(상)과 수학(하)는 수학Ⅰ과 수학Ⅱ를 공부하기 위한 과정이다. 과학은 수능에 응시할 두 과목을 공부하는 것이 유리하다. 의치한약수를 노리는 학생은 화학Ⅰ과 생명과학Ⅰ를 선택하는 것이 좋다. 내신에서도 반드시 해야 할 과목이기 때문이다. 국어는 수능형 시험을 접할 수 있도록 문학과 독서 파트의 개념을 정리하고, 고1 내신 대비는 중3 겨울방학부터 준비하면 된다. 내신은 내가 진학할 고등학교 내신 기출문제만 잘 풀 수 있으면 된다. 비강남지역 학생이 강남으로 사교육을 받으러 와서 수학(상)과 수학(하) 과목을 심화 학습하는 경우가 많다. 하지만 정작 자기가 진학할 고등학교 고1 내신에는 심화 문제가 나오지 않는 경우가 많다. 강남지역 학생이나 자사고에 진학할 학생이 아니면 수학(상)과 수학(하)를 심화할 필요는 없다. 오히려 의대 진학이 목표라면 수능 과목인 수학Ⅰ과 수학Ⅱ를 선행하는 것이 더 유리하다. 수능 과목은 아무리 많이 해도 지나치지 않다. 과학에서도 내신에만 필요한 통합과학이나 물리Ⅰ을 선행하거나 심화하는 것은 비효율적이다. 통합과학은 내가 진학할 고등학교 기출만 잘 풀면 된다. 일부 고등학교를 제외하면 통합과학이 터무니없는 난이도를 보이는 경우는 없다.

역시 고등학교가 배정되고 나서 기출문제를 중심으로 학습하면 된다. 중2는 수능 기초를 확실하게 다져야 하는 시기이다. 수학은 배운 개념을 활용하여 모의고사 유형의 문제를 푸는 연습을 해야 한다. 선행학습의 속도보다는 배운 내용을 잊지 않는 것에 더 비중을 두어야 한다. 적어도 한 학기 단위로 통째로 보는 시험을 지속적으로 반복하는 것이 좋다.

2) 의대 입시를 위해 필요한 것
. . . .

2-1) 판단

의대 입시는 끊임없는 판단의 연속이다.

나이순으로 정리하면 가장 먼저 판단해야 하는 것은 영재학교나 과학고 진학 여부이다. 영재학교를 가고자 한다면 영재학교 내신을 선행해야 한다. 영재학교는 대학교 2학년 수준의 수학과 과학을 배운다. 여기에 수학 올림피아드나 물리 올림피아드도 준비해야 한다. 하지만 이는 모두 수능과 연관이 별로 없는 과목이기 때문에, 잘못하면 헛수고가 될 수 있다. 국어나 영어 공부 시간도 충분히 확보할 수 없다는 단점도 있다. 영재학교에 진학해서 의대 갈 수 있다고 말하는 경우가 종종 있는데, 이는 사실 거짓말에 가깝다. 같은 학생이 영재학교에 진학하면 수능 준비가 가능한 고등학교에 진학한 경우보다 의대 입시 가능성은 줄어든다. 일단 정시로 의대 진학이 어려우니 전형의 40%를 포기하는 것이고, 전국모집이나 지역인재 교과 전형도 지원이 불가능하기 때문에 또 전형의 30% 정도를 포기하게 되어 결국 학종만으로 의대에 가야 하는데, 그러려면 영재학교 내신에서 최상위권을 유지해야한다. 이런 조건으로 의대를 가는 것은 개인적으로 정말 말리고 싶다. 그런데 더 나쁜 가짜뉴스가 있다. 영재학교 준비를 하면 '영재학교 진학에 실패하더라도 일반고에서 의대 진학에 유리'하다는 헛소리가 그것이다. 보통 사교육이 판매하는 영재학교 상품은 그냥 주 3일 수학 + 주 3일 물리위주 과학이다. 수학은 경시를 하게 되면 기하나 확률과 통계가 차지하게 된다. 그러나 정작 수능에서는 확률과 통계는 아예 선택하지 않고 기하 선택도 많지 않다. 경시 준비에서 도움이 되는 것은 대수 파트 정도이다. 과학이 더 문제인데 수능과 고등 내신에서 가장 중요한 생물과 화학보다 물리만을 강조하는 분위기에 휩싸이면 정작 중요한 생물과 화학을 소홀하게 대하는 문제가 발생한다. 또한 이렇게 중학교 기간 동안 수학과 물리에만 집중하면서 국어와 영어 등 다른 과목에서 정체 현상이 발생하는 문제가 의대 진학의 발목을 잡을 가능성이 크다.

두 번째는 수학 선행을 무엇부터 시작할 것인지를 판단해야 한다. 수학 선행은 중등과정 전체를 하나도 잊어버리지 않으면서 수학(상)과 수학(하)를 개념 위주로 학습해야 한다. 그리고 선행학습을 하는 동시에 전체 단원을 포괄하는 수능 모의고사를 지속적으로 풀어야 한다. 단원별로만 문제를 푸는 것으로 선행학습을 끝내서는 안 된다. 선행학습의 경우 수능 모의고사 등급에 한 학년에 1등급이 핸디캡을 적용해야 한다. 중2가 고1 모의고사를 봐서 3등급이면 2년 후에 1등급이 될 가능성이 높다. 무리하게 반드시 중2가 고1 모의고사 1등급을 받아야 한다는 것은 과잉이다. 일부 단원에 무리한 심화를 하기보다는 전체 단원을 숙지하고 있는 상태를 유지하는 것이 수능 득점에 유리하다. 학원에서 수학(하)를 배우는 동안 수학(상) 범위에 해당하는 고1 6월 모의고사나 9월 모의고사를 지속적으로 봐야 한다. 중학교 때 고1 모의고사 등급이 3등급이나 2등급이 나오고 전체 단원에 대한 개념을 잘 이해하고 있다면 수학 I 과 수학 II 를 선행학습해도 된다. 물론 과거 배운 것 모두를 아우르는 수능 모의고사를 지속적으로 봐서 등급을 점검해야 한다. 정말 지겹겠지만 이 방법이 수능을 위한 공부 방법이다. 의대 진학을 위한 수능 공부는 사실 반복 숙달을 익히는 것이다. 중학교 때 군이 미적분까지 선행해야 한다는 강박을 가질 필요는 없다. 선행한 내용을 잊어버리지 않으면서 모의고사 성적을 일정 등급으로 유지하는 것이 더 중요하다. 수학Ⅰ을 잊어버린 상태로 미적분을 선행해봐야 아무 소용이 없다. 고등과정부터는 배운 것을 까먹지 않고 한 단원씩 거기에 내용을 붙여가는 것이 수능 준비의 핵심이다.

🔍 수학 선행의 최선과 최악

최선: 지금 배우는 단원별 심화도 하면서 누적된 진도 전체에 대한 개념을 동시에 기억하기 → 어떤 수능 모의고사를 봐도 1등급 유지

차선: 지금 배우는 단원의 개념을 확실히 정리하면서 누적된 진도 전체에 대한 개념은 절대로 잊어버리지 않는 상태를 유지하기 → 어떤 수능 모의고사를 봐도 2등급 유지

차악: 지금 배우는 단원은 심화까지 할 수 있지만 누적된 시험에서는 자꾸 실수하거나 깜박깜박하는 것이 있다. → 단원 테스트나 학원 일일 테스트는 1등급 수준이지만 누적된 시험에서는 3등급 수준

최악: 지금 배우는 단원은 심화까지 하지만 잘 안 되는 부분도 많고 이미 지나간 단원의 개념은 복습할 시간이 없어서 가물가물하는 상태가 지속 → 현재 배우는 단원 테스트 2~3등급인데 누적 테스트는 3~4등급 수준

수학보다 더 중요한 것은 과학 선행학습 순서이다. 과학 선행학습에서 가장 중요한 것은 중등 과정을 제대로 공부하는 것이다. 보통 학원들은 중등 과정을 너무 가볍게 다룬다. 빨리 물리를 팔아야 하기 때문이다. 그러나 실상 과학 강사 중에 통합과학으로 구성된 중등 과정을 제대로 가르칠 수 있는 사람은 많지 않다. 물리 전공인 강사는 생물을 하기 어렵고, 생물 전공인 강사는 물리나 지구과학을 제대로 가르치기 어렵기 때문이다. 그래서 '물·화 집중반' 등 변형된 형태의 강좌들이 난무하고 있다. 그러나 누가 뭐래도 의대 입시는 화학과 생물이다. 학원에 가면 반드시 화학과 생물 강사가 제대로 준비되어 있는지 확인해야 한다. 중등과정은 그냥 고등 과정을 나가기 전에 대충 짚고 가는 과정이 아니다. 중등 과정을 보면 수학보다 과학이 더 어렵다. 수학은 새로 배우는 개념이 많지 않다. 방정식, 함수, 원 정도가 새로운 개념이지만 과학은 페이지를 넘길 때마다 한자어로 된 어려운 개념들이 막 튀어 나온다. 정말 제대로 암기까지 완벽하게 이해하고 넘어가야 한다. 그리고 중등 과정 전체를 충분히 숙지한 상태로 과정을 마치는 것이 중요하다. 이렇게 중등 과정을 마치면 고1 통합과학도 거의 완성된 셈이다. 이렇게 중등 과정을 완성했다면 이제 고1 과정인 통합과학은 통과하고 바로 화학Ⅰ과 생명과학Ⅰ을 선행하는 것이 좋다. 수능에서 과학탐구는 두 과목만 선택해서 응시하면 된다. 그렇기 때문에 고등 내신보다 수능 선행을 먼저 하는 것이다. 내신 선행은 6개월 전에 하는 것이 더 효율적이다. 미리 해봐야 잊어버릴 가능성이 높기 때문이다. 화학Ⅰ을 먼저 공부한다면 역시 고2 수능 모의고사를 지속적으로 봐야 하고, 다음으로 생명과학Ⅰ을 선행해야 한다. 생명과학Ⅰ을 선행하면서 화학Ⅰ은 지속적으로 수능 모의고사를 통해 감각을 잃지 않도록 하고, 수능 등급도 확인해야 한다. 이 두 과목은 고3 때까지 이런 방식을 유지해야 한다. 수능에서 과학탐구는 30분에 20문제를 풀면 된다. 매주 두 과목의 모의고사를 보고 오답 체크를 하더라도 두 시간이 넘지 않는다. 수능과 달리 내신에서는 고등학교 2학년 때 물리Ⅰ, 화학Ⅰ, 생명과학Ⅰ, 지구과학Ⅰ 등 4과목 중에서 세 과목을 선택하는 고등학교가 많다. 그러니 수능 볼 두 과목을 이렇게 완벽하게 공부하고 있다면 고1 때 나머지 한 과목만 더 하면 되니까 내신에도 확실하게 유리한 방법이다. 그리고 나머지 과목을 반드시 물리Ⅰ을 할 필요가 없기 때문에 무턱대고 물리를 선택하는 것은 의대 입시에서는 바람직하지 않다.

🔍 **의대 가는 과학 선행**

1. 수능 과학은 물리Ⅰ, 화학Ⅰ, 생명과학Ⅰ, 지구과학Ⅰ 중 2과목 선택

2. 고등학교 내신 과학은 물리Ⅰ, 화학Ⅰ, 생명과학Ⅰ, 지구과학Ⅰ 중 3과목 선택

3. 선행의 순서는 수능 과목 2개 완벽하게 선행하고 고1 겨울방학에 나머지 1과목 공부 시작

4. 수능 과목은 배우기 시작해서 수능 날까지 계속 안 까먹게 공부해야 한다.

5. 내신만 볼 과목은 개념만 이해하고 까먹고 있다가 실제 내신 시험보기 6개월 전에 다시 보기 시작하고 내신만 끝나면 다 까먹어도 된다.

6. 수능 준비와 일반고 내신 대비에 하이탑과 같은 경시형 교재는 과잉이다.

국어 과목 선행 순서는 따로 고민할 필요는 없다. 중2부터 수능 유형 문제를 많이 풀어보는 것이 좋다. 수능 유형 문제를 풀 수 있는 기본 과정을 학원에서 배우고 나면 매주 수능 모의고사 1회분 분량을 풀고 풀이 과정을 점검하는 일을 고3 때까지 반복하는 것이다. 어휘를 따로 암기하는 기계적 학습이나 문법만 강조하는 방식으로 편향을 주지 말고, 수능 유형 문제에 익숙해지도록 시간을 할애해야 한다. 중3이 되면 고1 수준 모의고사는 1등급 수준이 되도록 해야 한다. 고1 모의고사 수준은 수학보다 국어가 더 쉬운 편이다. 그래서 수학은 2등급을 받아도 되지만 국어는 1등급을 받도록 준비해야 한다. 수학과 과학은 소나기처럼 몰아서 하는 것이 효과적일 수도 있지만 국어는 가랑비에 옷 젖듯 시나브로 하는 것이 좋다.

영어 선행은 순서보다는 시간의 효율성이 더 중요하다. 영어 공부 시간을 적절하게 통제해야 한다. 수능 영어 준비에 과도한 시간을 할애하면 안 된다. 중학생들이 다니는 영어학원은 어학원 성격이 강하다. 외고 준비반이 가장 높은 반이다. 그런데 의대 갈 친구들은 외고 준비반과 같이 영어 준비를 하면 안 된다. 수능 영어 준비에 과잉이다. 외고 갈 친구들은 영어만 하면 되지만 의대 갈 친구들은 수학과 과학, 국어가 더 중요하다. 주1회 학원 수강과 자기 공부 시간 매일 30분 정도를 영어에 투자하는 정도가 좋다. 영어 독서나 회화 학습은 별도로 진행해도 상관없다. 영어는 읽고, 말하기 위해 배워야 한다. 수능을 위해 주2회 이상의 시간을 쓴다는 것은 스스로 상위권이 아니라는 점을 시인하는 셈이다. 일시적으로 집중 학습을 할 수는 있으나 영어 과잉 집중은 수학 과잉보다 의대 입시에 불리하게 작용한다. 그리고 의대 준비생은 영어 성적 확보에 적은 시간을 들여서 좋은 점수를 받는 가성비 높이기 연습을 많이 해야 한다. 무제한 시간을 투입해서 영어 성적을 올려봐야 의대 가기는 어렵다.

마지막으로 해야 할 판단은, 중3 때 수시로 의대 진학이 가능한지 확인하고 입시 전략을 정하는 것이다. 보통 일반고를 진학하면 집과 가까운 일반고에 배정된다. 그러니 중학교 등수가 그대로 고등학교 등수가 되고 등급이 되는 것이다. 그러니 중3이면 사실 고등학교 내신 등급을 대략 짐작할 수 있다. 중학교 2학년 때 반에서 1등이 아니면 고등학교 내신 1등급 받는 것이 불가능하다. 중학교 한 반이 30명 정도니 4%인 1등급은 1명뿐이다. 중2 반 2등과 3등이 인근 고등학교 2등급이 될 가능성이 높다. 5등이면 3등급이다. 중3이 되면 고등학교 내신 등급은 이렇게 추정이 가능하다. 이 등급을 바꾸려면 학습량을 늘리는 지독한 노력이 필요하다. 남들과 동일하게 시간을 보낸다면 성적이 절대 오르지 않는다. 비슷한 수준의 학생들이 인근 고등학교로 진학하기 때문이다. 따라서 중2나 중3 때 반 1등을 하지 못했다면 수시로 의대 진학할 가능성은 낮아진다. 그러면 수시는 빨리 정리하고 정시로 의대에 진학하겠다는 결심을 해야 한다. 이를 최종적으로 확정하는 것은 고1 중간고사면 가능하다. 지난 의대 입시 결과의 숫자를 참고로 고1 중간고사 등급을 비교해서 수시를 포기할 것인지 결정해야 한다.

🔍 **중학교 내신으로 인근 일반고 내신 등급 추정하기**

1. 인근 일반고에는 우리 지역 중학생만 모인다.

2. 중학교 반 학생이 30명이면 1등급은 단 1명이다. 중학교 반 1등만 인근 일반고 1등급이 된다. 1등급은 4%이다.

3. 중학교 반 학생이 30명이면 2등급은 2등과 3등 이렇게 두 명이다. 2등급은 7%이다. 1등급과 2등급을 누적하면 11%가 된다. 30명인 반에서 11%는 3명이다.

4. 중학교 반 학생이 30명이면 3등급은 4등, 5등, 6등, 7등 이렇게 4명이다. 3등급은 12%이고 1등급부터 누적해서 23%이다. 사실 반 5등은 수시로 의대 진학이 불가능하다. 의대를 포기하거나 정시 준비에 중점을 두어야 한다.

5. 중2나 중3 때 반에서 5등인 학생이 인근 일반고도 아니고 자사고에 진학한다면 내신은 5등급이나 6등급이 나올 것으로 추정된다. 하여간 수시로 의대 진학은 불가능하다.

고1 때가 의대 입시에서 가장 중요한 분수령이 되는 판단을 해야할 시기이다. 현실적으로 나온 내신 성적과 고1 수능 모의고사 성적이 있기 때문이다. 이미 과거가 된 성적이 있는 셈이다. 냉정하게 현재 성적으로 진학이 가능한 의대가 있는지 확인하고 수시와 정시에 대한 입장을 정해야 한다.

내신으로 수시 의대 가능하고 수능 모의고사 성적도 정시로 의대 진학이 가능한 학생은 고2 때도 내신과 수능을 둘 다 챙겨야 한다.

내신으로 수시 의대 진학은 어렵고 수능 모의고사 성적으로 정시 의대 진학은 여전히 가능하다면 고2부터 수능 중심으로 공부해야 한다.

내신으로 수시 의대 합격은 가능하나 수능 모의고사 성적으로 정시 의대를 노리기에 부족한 경우 내신에 집중하면서 수능최저 챙기기를 병행한다.

내신으로 수시 의대 합격이 어렵고 수능 모의고사 성적으로도 정시 의대까지 노리기엔 부족한 학생은 의대를 포기하고 수시로 성적에 맞는 이공계 준비를 시작하거나 아니면 수능 준비에 집중해서 정시로 의대 도전을 이어가는 방법 중에 하나를 선택해야 한다.

의대 진학이 절박한 목표라면 정시로 의대 도전을 고2부터 준비하다가 고3 때 정시 의대 진학에 실패한다면 재수하는 것도 전략적을 사고해야 한다.

2-2) 시기별 공부의 비율 정하기

의치한약수 입시 공부의 핵심은 내신과 수능의 학습 비율을 결정하는 것이다.

고3 고3은 당연히 수능 100%다. 1학기 내신이 반영되기는 하지만 실제 등급으로 내신이 나오는 경우는 세 과목 정도이다. 언어와 매체 또는 화법과 작문 중에 하나를 선택하는 국어, 대부분 미적분을 선택하는 수학, 그리고 영어. 이렇게 3과목만 등급이 나온다. 나머지는 진로 선택과목이기 때문에 교과전형을 지원하는 경우에는 별로 신경 쓸 필요 없는 과목이다. 전국 1,616개 일반고 중 어느 한 일반고 전교 4등인 학생이 꼴랑 25명 선발하는 성균관의대 학종에 지원하기 위해 진로 선택과목도 100점을 받아야겠다고 생각하는 것은 정말 과잉 내신의 극치다. 그렇게 그 과목에서 점수를 받았다고 해도 성균관의대는 절대 그 학생을 뽑지 않을 것이다. 1,616개 일반고 1등과 10개 전국 자사고의 내신 최상위권에 영재학교와 과학고 학생까지 모두 지원하는데 굳이 일반고 4등에게 기회가 찾아올 가능성은 없다. 의치한약수 교과전형은 고려의대를 제외하고는 주요과목 위주로 반영한다. 그리고 언어와 매체, 미적분, 영어는 모두 수능 과목이고 시험 범위도 대략 '수능특강'이나 '수능완성'이다. 수능 준비를 위해서 반드시 봐야 하는 교재이다. 그러니 수능과 내신을 구분하지 말고 그냥 수능공부라고 생각하고 준비하면 된다. 실상 존재하지도 않고 뽑아줄 리도 없는 학종 준비에 쓸데없이 시간을 낭비하면 안 된다. 그리고 과목별 비율도 중요하다. 고3들은 수능 과목을 세밀하게 나누는 것이 필요하다. 국어가 아니라 문학, 독서(비문학), 언어와 매체를 별개의 과목으로 봐야한다. 국어만 3과목이다. 수학이 아니라 수학I, 수학II, 미적분이다. 과학탐구가 아니라 화학I과 생물I이다. 그래서 고3은 1주일 안에 문학, 독서(비문학), 언어와 매체, 수학I, 수학II, 미적분, 화학I과 생물I 등 8과목을 모두 봐야 한다. 특히 의대를 노릴 정도면 최소한 2등급 이상일 테니까 8과목의 수능 과목 중에 어느 하나 소홀하게 해서는 안 된다. 기본적으로 8과목 모두에 10% 정도 학습 시간을 배분하고 나머지 20%를

167

특정 과목에 집중하는 방식으로 시간을 배분하는 것이 좋다. 교재는 개념서와 기출문제를 중심으로 하는 것이 좋다. 기출문제를 다 본 학생들은 예상문제를 봐도 된다. 그리고 주1회 정도 영역별로 전체 범위를 포괄하는 모의고사를 보는 것이 좋다. 혹시 잊어버리거나 헷갈리는 곳이 있는지 확인하기에도 좋고 시간 관리를 훈련하기에도 좋기 때문이다. 고3을 시작하는 첫 주부터 수능 전주까지 이런 학습 패턴을 유지하는 것이 좋다. 의대를 준비하는 고3은 학습 계획을 세우는데 시간을 낭비할 필요가 없다. 그냥 루틴이 되도록 반복하는 것이 중요하다. 학습 계획이나 과목별 학습 방법은 3등급 수준의 학생이 세우는 것이다. 의대를 노린다면 기본적으로 개념 학습은 어느 정도 완성된 학생일 것이다. 그러니 이제부터는 학습 습관 유지, 즉, 루틴이 점수를 결정한다.

고3 중에 '내신 중독'인 학생들이 있다. 고1부터 고2까지 너무 내신 공부에만 몰입해서 넓은 전체 범위가 감당이 안 되는 학생들이 있는데 내신 중독이라고 봐도 무방하다. 고2 1학기 중간고사 범위는 수학Ⅰ 중에서 '지수함수와 로그함수' 전체와 '삼각함수' 중 일부일 것이다. 그러니 내신 중독이 있는 고2는 고2 3월부터 중간고사가 끝날 때까지 '수열'이나 '미분'은 한 번도 거들떠보지도 않는 수도 있다. 그리고 중간고사가 끝나면 바로 기말고사 준비에 들어간다. 그런데 기말고사 범위는 '삼각함수' 나머지와 '수열'이다. 당연히 내신 중독 학생은 '지수함수와 로그함수'는 한 번도 보지 않을 것이다. 이렇게 되면 해당 내용을 잊어버리게 된다. 여름방학 3주 동안에 잠시, 정말 잠시 보고나서, 실제로는 안 볼 가능성이 높다. 왜냐하면 2학기 내신인 수학Ⅱ 준비에 몰입할 것이기 때문이다. 2학기가 되면 내신 중독인 고2는 이제 수학Ⅱ에만 몰입할 것이다. 이제 '지수함수와 로그함수'와 '삼각함수', '수열'은 머리에서 점점 사라져 간다. 이렇게 2학기 내신에 몰입하다가 드디어 고3이 되고, 수능 강의를 들으러 학원에 간다. 아무것도 기억나지 않는다. 다시 '지수함수와 로그함수'부터 시작이다. 전체 범위를 머리에 넣고 언제나 문제 풀 준비를 해야 하는 수능 시험을 감당하기에 부담이 된다. 수학만이 아니라 과학탐구에서도 이와 같은 일이 벌어진다. 고2 기간에 이미 수능 전체 범위를 감당할 능력이 감소한 것이다. 이런 학생의 경우 까먹은 범위를 복원하는 데만 시간을 지나치게 할애하면 안 된다. 현재 기억하고 있는 2학기 범위와 까먹은 1학기 범위를 동시에 공부하는 습관을 들여야 한다. 수능 8과목 전체를 매주 규칙적으로 학습하는 방법에 익숙해져야 한다. 내신과 수능의 차이는 범위이다. 넓은 범위를 감당하지 못하면 수능 1등급은 요원하다. 고3 1월과 2월에 전체 범위를 감당하는 방법에 익숙해져야 한다. 3월이 되면 내신과 수능의 균형 감각을 유지해야 한다. '일단 1학기 내신 대비하고 수능에 집중해야지'라는 낭만적인 생각을 버리는 것이 좋다.

사실 3학년 1학기 내신을 잘 해봐야 이미 받은 이전 학기의 내신을 뒤집기에는 부족한 경우가 많다. 1학년 1학기부터 2학년 2학기까지 내신이 1.7등급이면 3학년 1학기 내신이 올 1등급을 받더라도 1.62등급이다. 1.7이나 1.62나 의대 수시에 약간 부족한 것은 마찬가지다. 그러니 수능최저가 더 중요하다. 이것이 의대 진학의 법칙이다. 3학년 1학기 전체 1등급을 받아도 전체 2등급 받는 것과 비교하면 0.12등급 정도가 상승하는데, 수능최저를 놓치면 아예 '말짱 꽝'이다. 그냥 감성적으로 일단 내신 1등급 받고 보자고 생각하지 말고 2학년까지 내신과 3학년 1학기 내신 1등급 받았을 때 변화되는 내신을 계산해보자. 이과생이라면 이 정도는 기본으로 해야 하지 않을까?

고2 의대 진학을 원하는 고등학교 2학년이라면 수능과 내신 공부의 균형을 맞추는 것이 무엇보다 중요하다. 특히 고2 교육과정은 수능과 일치하는 과목이 집중적으로 배치되어 있어서 수능이나 내신이나 가장 중요하다. 1학년 때 내신이 2등급이 넘는다면(자사고의 경우 전교 15등이 넘는다면) 수능 준비에 더 치중해야 한다. 어차피 수시로 의대 진학이 어려운 상태이기 때문이다. 여기에 대한 확신이

들지 않는다면 계산을 해봐야 한다. 1학년 내신 등급에다 2학년 1학기 목표 등급을 계산기나 엑셀로 계산해서 수시로 진학 가능한 대학이 있는지 '대학어디가' 자료로 확인해보자. 내신 등급을 올려도 의대 수시가 어려운 학생이 많을 것이다. 그럼 굳이 내신에 연연할 필요는 없다.

전교 1등은 내신을 유지하는 것이 당연히 가장 중요하다. 하지만 내신 기간이 아닌 경우에는 수능 준비를 소홀히 해서는 안 된다. 자칫 수능최저를 충족하지 못해서 전교 1등임에도 수시로 의대 불합격하는 경우도 많기 때문이다. 내신 기간 준비 기간을 6개월로 잡고, 나머지 6개월은 수능 준비에 최선을 다해야 한다. 전교 1등의 수능 준비는 고2 모의고사 국어, 수학, 과학탐구 1등급을 받는 것을 목표로 하면 된다. 수능 모의고사 범위가 발표되면 최근 3년 정도의 기출문제를 구해 모두 풀어보아야 한다. 적어도 내신 준비하느라 개념을 잊어버려 놓치는 문제는 없어야 한다. 간혹 수능 모의고사 등급이 2등급이나 3등급이 나와서 자신감을 잃는 경우도 있는데, 좌절할 시간에 더 노력을 해야 한다. 적어도 내신 진학하려는 대학의 수능최저는 넘기도록 애를 쓰자. 전교 2등이나 3등은 좀 더 내신에 시간을 투자해서 전교 1등을 할 수 있는 마지막 기회를 잡아보는 것도 좋다. 하지만 동시에 수능 모의고사에서 최저기준을 넘기는 수준은 계속 유지해야 한다.

일반고 전교 5등이 넘어가면 내신 성적을 올리더라도 수시 의대 진학이 어려운 경우가 생기기 시작한다. 반드시 시험 결과가 나올 때마다 '대학어디가'를 통해 진학 가능한 의대를 확인하는 습관을 가져야 한다. 맹목적인 내신 집중은 의대 입시를 그르치는 지름길이다. 고2는 내신과 수능 준비에서 복잡한 환경에 처해있다. 국어는 보통 1학기에 문학을 배우고 2학기에 독서를 하는 경우가 많다. 하지만 국어 과목은 내신과 수능의 상관관계가 가장 낮은 과목이다. 내신은 보통 다 아는 작품이나 지문에서 문제가 출제되기 때문에 자칫 암기 방식으로 내신을 대비하는 경우가 생기기 쉽다. 그럼 아무리 내신이 1등급이어도 수능 실력이 늘지 않는 경우가 많다. 그래서 고2라면 반드시 주 1회나 주 2회 익숙하지 않은 작품이나 지문이 나오는 수능 모의고사 전체 범위 문제를 풀고 오답노트를 정리하는 루틴을 만들고 유지하는 것이 필수적이다.

수학과 과학은 국어보다 수능 준비에 더 만전을 기해야 한다. 수학은 내신 범위가 너무 협소하다는 점을 인정하고 내신 범위가 아니더라도 꾸준히 수능 유형 문제를 접하는 시간이 필요하다. 국어와 마찬가지로 고2 전체 범위를 포괄하는 수능 모의고사 문제를 주 1회나 2회 풀어서 감을 잃지 않도록 해야 한다. 과학은 더 복잡한데, 보통 내신에서는 3과목을 선택하고 수능에서는 2과목만 응시하면 되기 때문에 수능 과목과 내신 과목을 일치시키는 것이 중요한 문제이다. 그런데 보통 내신 과목을 먼저 고려하고 수능 과목은 고3 되면 결정하겠다고 생각하는 학생들이 많다. 그래서 최악의 경우가 내신에서는 물리, 화학, 생물을 선택하고 정작 수능에서는 생물과 지구과학에 응시하는 사태가 발생하기도 한다. 일단 내신 과목 자체를 선정할 때 무조건 수능 볼 두 과목을 포함해야 한다. 당연히 의대가 목표라면 전공적합성과 관련해서도 그렇고, 수능을 고려해서도 생물과 화학을 선택하는 것이 좋다. 그리고 생물과 화학은 수능 볼 과목이기 때문에 내신과 별도로 주 1회 이상 고3용 모의고사 풀이와 오답정리는 필수 사항이다. '내신에서 물리를 선택하면 의대 수시에 유리하다'라는 헛소리에 현혹될 필요가 없다. 교과전형은 그냥 평균 등급만 계산하기 때문에 과목 선택에 따른 이점 따위가 없다. 혹시 학종에서 유리하지 않을까? 절대 아니다. 일단 과학은 무엇을 선택했던 1등급을 받는 것이 더 중요하다. 물리 선택해서 2등급 받느니 지구과학을 선택해서 1등급 받는 것이 의대 입시에 더 유리하다.(물론 공대 학종에서는 지구과학 1등급 받는 것보다 물리 2등급 받는 것이 유리할 수도 있다.) **고2 때**

수능 관리는 주 1회나 2회 전체 범위 모의고사 풀이 및 오답노트 정리라는 점을 명심하자.

고1 고등학교 1학년은 당연히 수능보다 내신이 더 중요하다. 수능은 멀고 내신은 가깝다. 그리고 아직 전교 1등을 해볼 가능성이 있다! 그래서 고1은 '**학기 중 내신, 방학 때 수능**'을 해야 한다. 학기 중에는 최대한 내신 등급 올리기에 집중하고, 방학 때는 수능 선행을 집요하게 준비해야 한다. 짧지만 여름 방학을 이용해서 수학Ⅰ과 수학Ⅱ 개념 선행을 마무리하고, 생물Ⅰ과 화학Ⅰ의 개념을 정리해두면 좋다.

고1에서 가장 중요한 시기는 1학기 내신 성적이 확정되었을 때다. 1학기가 지나고 성적표가 확정되면 '대학어디가'를 통해 내 내신 성적으로 진학이 가능한 의대가 어느 수준인지 확인해야 한다. 수시로 진학이 가능한 의대가 있다면 2학기 때도 학기 중 내신 집중, 겨울 방학 수능 선행의 전략을 고수해야 한다. 하지만 수시로 가능한 의대가 없다는 것이 확인되면 바로 정시 준비를 시작해야 한다. 2학기 때도 수능 준비와 내신 대비를 병행해야 하지만, 수능 준비에서 선행의 속도를 좀 더 높이는 것이다. 학기 중에도 수학Ⅰ과 수학Ⅱ 공부를 계속해야 하고, 과학도 생물Ⅰ과 화학Ⅰ에 집중해야 한다. 국어도 가능하면 내신 학원보다는 수능 학원에 다니는 것이 좋다. 하지만 내신 준비를 소홀히 해서는 안 된다. 학교 수업 착실히 듣고, 시험 3주 전에 몰두해서 공부하는 방식이면 좋다. 이미 수시는 어려워졌을 수 있지만, 내신을 준비하면서 '시험 잘 보는 기술'은 익혀야 한다.

시험 잘 보는 기술은 시험에 나올 문제를 예상하는 능력, 벼락치기로 점수를 올리는 능력이다. 내신 기출을 미리 살펴보고 수업 시간에 집중해서 수업을 들으면서 시험에 나올 문제를 압축하고 예측하는 능력은 내신을 통해 향상하지 않으면 수능에서 저절로 생기지 않는다. 벼락치기도 정말 중요한 과정이다. 집중해서 공부하는 시간을 늘리는 습관, 암기 능력이 없으면 수능에서 1등급을 받는 것은 불가능하기 때문이다.

중3 중학교 3학년은 수능 기초를 완성하는 중요한 시기이다. 여기서 수능 기초는 배운 개념을 충분히 숙지한 상태로 넓은 범위에 적용할 수 있는 능력이다. 선행을 어디까지 했든, 중1 범위부터 지금 배운 것까지를 절대 잊어서는 안 된다. 내신 시험은 중학교 기준으로 2달 정도 배운 범위에 집중해서 준비하면 된다. 하지만 의대 입시의 필수인 수능 시험까지 잘 보려면 선행보다 더 중요한 것은 '지금까지 배운 것을 잊어버리지 않고 언제나 시험을 볼 수 있도록 준비된 능력'이다. 중학교 사교육은 일단 선행에 초점이 맞춰진 측면이 많다. 선행은 소비자인 학부모들에게 가장 매력적인 포인트이기 때문이다. 동네 카페에 모여 "우리 애는 수학Ⅱ를 끝냈어."라고 말하는 순간, 얼마나 뿌듯한가! 하지만 선행이 빠를수록 놓치는 것이 많아진다. 선행에만 집중하다보면 꼭 기억해야 하는 개념을 잊거나, 과거 배운 개념을 틀려도 별 문제의식을 갖지 못하는 경우가 생길 수 있다. 중3이 수학Ⅱ를 선행하고 있다면, 반드시 중3 학교 범위에서는 하나도 틀리지 않는 완벽함을 갖춰야 한다. 또한 수학(상)과 수학(하), 수학Ⅰ에 해당하는 범위 중 기본 개념과 기본 문제는 항상 기억하고 풀어야 한다는 점을 각인하도록 환경을 조성해야 한다. 가장 좋은 방법은 고1 수능 모의고사를 주 1회 이상 풀고 오답노트를 작성하는 것이다. 고1 수능 모의고사는 등급도 확인이 가능하니 확실하게 현재의 상태를 확인하는 것이 가능하다. 중3이 고1 모의고사를 보는 경우, 모의고사 성적에서 등급 하나를 올려서 생각해도 좋다. 중3이 고1 모의고사에서 2등급을 받았다면, 실제로 고1 때는 당연히 1등급이 가능하다. 수학Ⅱ를 선행하는 중3이 고1 모의고사 4등급 이하라면 당장 선행을 중지하는 것이 옳다. 과잉 선행이거나 기초 부족인 상태이기 때문이다.

중3이 해야 할 공부 중에 고1 내신 대비도 있다. 내가 진학할 고등학교의 1학년 내신을 대비하는 것도 중요한 부분이다. 중3이면 고1 내신 기출문제 풀이를 통해 간접적으로 내년 고1 내신을 예측하는 것도 가능하다. 중3 때 고1 내신을 미리 예측해보는 방법은 첫째, 중학교 내신으로 등급을 예측해보는 것이다. 보통 지역 내의 고등학교에 배정받는 것이 일반적이기 때문에 중학교 내신 성적이 그대로 고등학교 내신 등급으로 이어지는 경우가 많다. 중2나 중3 내신 성적으로 반에서 1등만 고등학교 진학 후에 내신 1등급이 된다. 30명인 반에서 4%에 해당하는 1등급은 단 1명이다. 그러니 **적어도 반에서 1등이나 2등은 하고 있어야 고1 내신 1등급을 기대할 수 있다는 얘기다. 전교 10등이나 반 2등 이내가 아니면 현실적으로 고1 내신 1등급이 불가능하다.** 수시로 의대 진학이 어렵다는 말이다. 우리 지역의 중학교 3학년들이 1년 후면 그대로 우리 지역 고1이 되기 때문이다. 만약 반에서 5등하는 중학교 3학년이 고1 수능 모의고사에서 2등급을 받는다고 하면, 그 학생은 '내신형'이 아니라 '수능형'일 가능성이 높다. 범위가 있고 암기 위주로 나오는 내신 시험보다는 범위가 넓고 평소실력이 강조되는 시험에 더 강점이 있다는 얘기다. 이런 학생이 의대 입시에 훨씬 좋은 조건이다. 이런 학생은 고1 내신 기출문제를 미리 다 챙겨서 풀어보고, 학교 수업에 집중해서 시험에 나올 문제에 대한 예측 능력을 높이고 벼락치기 기간에 집중 학습하는 시간을 잘 관리하도록 하면 내신 1등급도 기대해볼 수 있기 때문이다. 중3 때 고1 내신 기출과 수능 모의고사를 통해 내신과 수능 등급을 예측해보는 것은 의대 입시의 출발이다. '무턱대고 선행하면 의대 가겠지'라고 막연하게 생각하지 말고 구체적인 숫자로 예측하는 것은 의대를 목표로 하는 학생과 학부모의 기본자세이다. '대학어디가'나 '학교알리미'처럼 이미 정보가 공개되어 있음에도 이를 활용하지 않는다면 현대 사회에서 여전히 샤머니즘을 신봉하는 것과 다르지 않다. 사교육을 통해 확인해야 할 기본 정보도 이 두 가지에 집중되어야 한다. 고1 내신 기출문제를 통해 내년 내신 등급을 예측해달라고 요구하는 것은 돈을 내고 상품을 구입한 소비자의 당연한 권리이다. 이런 것을 제공하지 않는 학원이 있다면 당연히 이런 정보를 제공할 능력이 되는 학원으로 옮겨야 한다.

중2 중2는 무엇을 해야 할까? 현재 중1은 내신도 없기 때문에 중2가 공식적으로 나의 성적을 확인하는 첫 시험을 보는 시기이다. 일단 내신 지수를 확인하고 인정하는 것이 가장 중요한 출발이다. 1학기 시험을 통해 나의 현실적인 내신 등수를 점검하고 대학 입시의 현주소를 확인해야 한다. 중학교 2학년 1학기 내신 시험을 통해 일단 수시로 의대 진학 가능 여부를 간단히 확인할 수 있다.

 중2 내신에서 국어, 수학, 과학, 영어 중에 B가 나온다면 일단 수시로 의대 진학은 쉽지 않다. 중학교 A의 비율은 평균적으로 30% 수준이다. 고등학교 방식으로 등급을 적용하면 중학교 B는 거의 4등급에 해당한다. 중학교 2학년 기간에 이 상태에서 벗어나지 않으면 적어도 수시로 의대 진학은 어렵다고 생각하는 것이 현명하다. 이런 상태라면 선행학습은 일단 중지하고 내신을 정상화하는 데 집중해야 한다. 특히 B가 나온 과목을 빨리 수습하지 않으면 그 과목 때문에 의대 진학이 불가능할 수도 있다. 국어가 B라면 기본적인 문해력이 부족하거나 국어에 대한 흥미도가 낮은 경우일수 있기 때문에, 이를 빨리 해결해야 한다. 수학이 B라면 더 심각하다. 계산 능력 부족일 수도 있고, 수학의 기본기가 정말 부족한 것일 수도 있다. 역시 중학교 2학년 안에 해결해야 한다. 과학이 B라면 어휘력 문제거나 과학에 흥미가 없을 수도 있다. 어쨌든 의대를 목표로 한다면 B가 나오는 모든 과목을 중학교 2학년 기간에 A로 올려놓아야 한다. 중2 내신에 B가 존재하는데 수학 선행에만 집중하는 것은 과목간 불균형을 심화시켜 의대 입시 준비에는 치명적일 수도 있다. 싫어하는 과목이 있으면 그 정도를 최소로 만들어야 한다. 공대는 수학만 잘해도 갈 방법이 있지만 의대는 부족한 과목이 발목을 잡는다. 중2 내신에서 B가 보이는 경우에 실력과 상관없이 시험

보는 기술이 부족한 경우도 있을 수 있다. 시간 안에 문제를 푸는 방법을 모른 다거나 완벽하게 알지 못하거나 헷갈리는 부분에 대해 소홀하게 접근하는 부주 의가 원인일 수도 있다. 이런 요소는 빨리 해결되지 않으면 의대 입시에는 매우 치명적인 약점이 되기 때문에, 반드시 해결해야 한다. 시험 결과에 대한 면밀한 분석과 대처가 시급한 상황이다. 시험지를 꼼꼼히 분석하고 문제점을 해결하기 위한 과정을 하나하나 거쳐야 한다. 이를 무시하고 넘어가면 아예 고치지 못 할 수도 있다. 학년이 올라가면 저절로 고쳐진다는 생각을 버려야 한다. 특히 내신 이 이런 상황이라면 공부 습관이 저절로 좋아지는 경우는 거의 없다. 그리고 일 정 기간 이를 개선하기 위해 노력을 했음에도 내신 등급이 좋아지지 않는다면 수시보다는 정시로 의대 진학하는 것을 고려해야 한다.

고1 과정까지 선행이 되어 있다면 고1 수능 모의고사를 통해서 내신의 문제 점이 여전히 나타나는지 확인해야 한다. 정말 기초가 부족해서 생긴 것이라면 지금부터 기본기를 다지는데 집중해야 한다. 중2가 고1 수능 모의고사에서 3등 급 정도가 나온다면, 고1 때 수능 모의고사 수준은 1등급인 셈이다. 그러면 이 학생은 내신 적응력보다는 수능 적응력이 더 높은 학생이다. 당연히 수시보다 는 정시에 무게를 두는 것이 현명하다.

다음으로 내신이 A를 받기는 하는데 겨우 90점을 살짝 넘는 경우이다. 이 경 우 고등학교 등급으로 환산하면 3등급 수준인 셈이다. 아직 시간이 있다. 중3까 지 내신 100점을 받기 위한 노력을 경주해야 한다. 사소한 실수가 많다면 교정 해야 한다. 중학교 내신 문제가 아주 고난이도의 문제일 수는 없다. 암기를 소 홀히 했거나 방심해서 생긴 문제일 수도 있다. 하지만 심각한 것은 이런 문제 를 사소한 것으로 치부하고 너무 선행에만 매달리는 경우이다. 15세 학생에게 는 내신 따위를 완벽히 하는 것보다 진도를 빨리 나가는 것이 더 중요하다는 생각이 있을 수 있다. 하지만 이 상태가 한 학기를 넘어가면 거의 수습하기 어려운 상태에 도달할 수 있고, 수시로 의대 합격은 점점 요원한 상태로 고착될 가능성이 크다. 중학교 2학년 내신에서 모두 A를 받고 과목별 점수도 96점 이상이라면 내신 적응력은 높은 편이다. 그럼 이제 수능 준비를 위한 본격적인 선행을 시작해도 좋다. 그러나 아무리 선행이 중요하다고 해도 내신 기간에는 내신에 집중하는 것을 게을리 하면 안 된다. 내신에서 점수가 1점이라도 올라가는 것에 의미를 부여하고 스스로 준비하는 과정을 착실히 수행하면서 선행을 병행해야 한다. 내신 기간이 되면 정확하게 내신 준비를 하는 것이 좋다. 내신과 수능 선행을 병행하면서 시기별로 중요한 것에 집중하는 것은 상황에 적응하는 매우 중요한 역량이다. 중2는 선행에서 일단 수학부터 시작해야 한다. 중학교 과정을 마쳤다면 수학(상)과 수학(하)를 시작하면 된다. 그리고 고등과정 선행이 시작되면, 지금까지 배운 개념을 절대로 잊어서는 안 된다는 점을 계속 강조해야 한다. 가장 좋은 방법은 배운 데까지를 모두 평가하는 것이다. 이를 평가하기 위한 시험은 많다. 수능 모의고사 범위를 확인해서 풀어보는 것도 가능하고, 인근 지역 고등학교 내신 기출문제를 활용하는 것도 방법이다. 고등과정의 시험을 보기 시작하면 결과를 반드시 기록하고 분석해야 한다.

2-3) 숙달

의대 준비는 이공계 공부에 비해 창의적이지 않다. 정말 지겨운 반복 작업이다. 의대 가는 길이 그렇다. 공대는 창의성을 발휘하여 수시 학종으로 갈 수 있다. 하지만 의대는 수시는 **교과전형**이나 **학종**이나 내신 **전과목 최상위**가 돼야만 갈 수 있다. 창의성을 발휘할 시간이 없다. 1년에 4회 실시되는 시험에서 단 한 문제라도 더 맞추기 위해 정말 지겹게 반복해야 한다. **창의적인 문제 해결력** 보다도 쉬운 것을 실수 하지 않는 역량이 더 필요하다. 마치 의사에게 어려운

결론 : 무엇을 할 것인가

심장 이식 수술 한 번 잘 하는 것보다 일상적인 환자 진료에서 실수를 하지 않는 것이 더 중요한 것과 마찬가지다. 정시로 의대에 가기 위해서는 **수능 총 115문항**(국어 45문항, 수학 30문항, 과학탐구 40문항) **중에 105문항 이상**을 맞아야 한다. 절대 평가인 영어와 한국사를 제외하고 10문항 이상 틀리면 안 된다. 그러니 쉬운 문제를 절대로 실수하지 않는 반복 학습은 기본이다. 내신보다 더 숙달이 필요하다.

우선 내신에서 전교 1등을 하기 위해 어떤 상황에서도 전과목 내신을 1등급 받아야 하는데 이건 정말로 피를 말리는 일이다. 일단 의대 갈 정도의 최상위권이면 시험에 뭐가 나올지 예상하는 능력은 다른 학생에 비해 더 뛰어날 것이다. 그렇지 않으면 애초에 의대를 목표로 하기 어렵기 때문이다. 내신 최상위권이라면 내신 기출문제와 수업 진행을 통해 출제 가능한 범위를 좁히고 있을 것이다. 그런데 이렇게 범위를 좁혔다고 저절로 1등급이 따라 오지 않는다. 나올 만한 내용과 유형의 가닥이 잡히면 이제 계획을 세워서 시험 날에 맞추어 자신이 예상한 범위와 내용 안에서는 절대로 틀리지 않을 수 있도록 익히는 작업이 남는다. '논어' 첫 구절에 나오는 "학이시습지 불역열호(學而時習之, 不亦說乎)"란 말이 있다. "배우고 때맞추어 익히면 이 또한 즐겁지 아니한가?"란 의미이다. 배우고 '때때로 익히면'이 아니라 '때맞추어 익히면'이다. 공대 입시라면 배우고 때때로 익혀도 되겠지만, 의대 입시는 때맞추어 익히지 않으면 안 된다. 학원으로 치면 수업은 배우는 과정이고 복습과 과제, 그리고 시험과 오답확인과 정리는 익히는 과정이다. 배우는 과정은 도움을 받는 것이 가능하지만 익히는 과정은 혼자 해야 한다. 그래서 '머리는 좋은데 점수가 안 나와요.', '학원을 그렇게 다녔는데 왜 성적이 오르지 않죠?', '선행학습을 하고 심화학습까지 했는데 왜 등급에 변화가 없는지 모르겠네.'와 같은 학부모들의 넋두리가 사방에서 들리는 것이다. 익히기, 즉 숙달은 절대로 도움을 받을 수 없다. 초등학교나 중학교

저학년 때는 약간의 강압에 의해 익히기도 도움이 되는 것처럼 보이지만 고등학교에 진학하는 순간 어떤 도움도 절대적이지 않다. 기껏해야 적절한 과제를 내주는 것이나 필요한 문항을 제공하는 정도가 도움의 전부이다. 그것을 자신의 것으로 만들고 어떤 조건에서도 틀리지 않도록 숙달하는 과정은 오로지 홀로 해야 한다. 김연아 선수가 기본기를 배우고 프로그램을 짜는 것은 코치의 도움을 받는 것이 가능하지만, 트리플 악셀을 성공하기 위해 될 때까지 연습할 때는 누구도 대신할 수 없다. 대신 해서도 안 된다. 그냥 단순 반복을 통해 요령을 익히고 절대로 실수 하지 않을 때까지 홀로 가야하는 길이다. 그런데 이런 과정을 하지 않고 수업만 들어서 해결하려 하거나, 고난이도 문제 한두 개를 해결하다 보면 마치 쉬운 문제는 저절로 풀 수 있다고 착각하게 되는데, 그 순간 의대 입시에서 멀어질 가능성이 커진다. 새로운 것에 민감하고 고난이도의 문제를 통해 재미있는 공부를 하려는 성향은 창의적 학습에 적합한 성향이다. 하지만 의대 입시는 창의성과는 결이 다르다. 내신과 수능은 그렇게 구성되어 있지 않기 때문이다. 쉬운 기본 문제의 비율이 더 높다. 일단 기본 문제나 아는 문제는 어떤 상황에서도 틀려서는 안 된다. 감점은 난이도를 고려하지 않고 가차 없이 진행된다. 창의적인 학습 방법은 시간의 제약이 없어야 한다. 그래야 생각하고 오류가 생기면 또 고민해봐야 하기 때문이다. 하지만 내신과 수능은 50분, 80분, 100분, 30분이란 시간제한이 따른다. 내신은 50분 안에 20문항에서 30문항을 해결해야 한다. 알아도 시간 내에 풀지 못하면 100점이 아니다. 수능 국어는 80분 안에 풀어야 한다. 집에 와서 다 아는 문제라고 우겨봐야 소용없다. 그래서 수능은 교육적이지도 않고 창의적이지도 않다. 수능 최고의 목표는 '한줄 세우기'이다. 문항의 우수성이나 교육적 효과보다는 변별력이 더 중요하다. 이 지겨운 과정을 통과하지 못하면 전교 1등도 불가능하고 수능 1등급도 어렵다. 의대에 가겠다는 것은 이 과정을 견디겠다는 다짐이다. 물론 간혹 이 과정이 저절로 되는 천재들도 있을 수 있다. 하지만 대부분은 절대로 이 과정을 고통 없

결론: 무엇을 할 것인가

이 통과하기 어렵다. 이런 숙달의 과정을 쉽게 통과하는 방법은 습관을 만드는 것이다.

학원에서는 '관리'라는 상품을 통해 이런 과정도 대신 해준다고 선전한다. 하지만 거짓말이다. 관리하는 독서실이나 스터디카페까지 데려다 놓는 것은 가능하다. 하지만 눈으로 문제를 보고, 머리를 써가면서 문제를 풀고, 그 과정을 익히는 것은 혼자서, 몸으로, 시간을 들여서 해야 한다. 견뎌야 한다. 이 과정이 재미있다고 하는 학생은 없을 것이다. 그냥 하는 것이다. 반복적으로.

수능 준비를 위한 루틴은 수능 날까지 반복되어야 한다. 일단 고등과정이 시작되면 배운 범위 전체를 포함하여 매주 1회 시험을 실시하고, 오답노트 정리를 통해 앞서 배운 고등과정을 잊지 않도록 온전히 나의 뇌의 한 구석에 남기는 과정을 시작해야한다. 수학(상)까지 배웠으면 수학(상) 전체 범위가 포함된 고등학교 1학년 6월 모의고사, 9월 모의고사를 매주 풀어보는 것이 좋다. 시간은 100분이다. 한 주에 약 2시간을 수학 수능 준비에 투자하는 것은 기본이다. 학원 진도와는 관계없다. 수학(하)를 배우기 시작하면 배운 범위에 맞춰서 고1 9월 모의고사나 11월 모의고사를 풀면서 배운 범위를 익혀야한다. 수학(하)가 모두 끝나면 고등학교 2학년 3월 모의고사를 매주 1회씩 풀어가자. 학원에서 배우는 부분만 계속 공부하다 보면 과거에 배운 것을 이해하고 기억하고 있다가 문제에 적용하는 능력이 줄어든다. 그렇기에 반복과 선행을 함께 해야 한다. 진도가 먼저가 아니고, 지금까지 누적된 범위의 모의고사를 보고 오답노트를 하는 것을 우선시해야 한다. 이렇게 선행학습과 누적 범위 평가를 지속해야 하는 과목은 수학과 과학이다. 과학에서 고등학교 1학년 범위에 해당하는 통합과학에 많은 시간을 쏟아야 할 필요는 없다. 통합과학은 수능 범위가 아니기 때문에, 과학은 빨리 화학 I 과 생물 I 을 선행학습하고, 진도가 나가는 순간부터 누적 범위 모의고사 매주 풀기를 병행하면 된다. 1단원이 끝나면 고등학교 2학년 6월 모의고사를 보면 된다. 2단원이 끝나면 고2 9월 모의고사를 보면 된다. 과학은 문항수가 20문제라서 30분이면 충분하다. 역시 단원별 문제를 푸는 학원 과제나 복습과 별개로 이 루틴을 만드는 것이 중요하다.

모의고사의 결과가 좋지 않다면 선행학습보다 모의고사 결과가 좋지 않은 이유를 찾아서 해결하는 것이 먼저다. 결과가 안 좋은 학생들은 대부분 선행학습할 때 개념이 제대로 정리되지 않았거나 반드시 암기할 내용이 암기 되지 않을 채 진도만 뺀 경우이다. 내가 상담한 학생 중에 현재 고등학교 2학년인 학생이 있다. 대치동에서 상담하긴 했지만 집은 충청북도 충주인 학생이다. 이 학생은 중3 여름방학 때 대치동에 와서 공부를 시작했다. 처음에는 대치동 학생들보다 실력이 딸릴지도 모른다는 선입견이 있었다. 하지만 중3 여름방학 당시 선행학습은 수학Ⅰ과 수학Ⅱ를 한 번 봤고, 화학Ⅰ을 한 번 본 상태였다. 일단 지난 범위 중 잊어버린 것이 있는 상태로 모의고사를 보는 것은 좋은 방법이 아니었기 때문에, 한 달간 복습할 시간을 주고 이후 수능 모의고사를 매주 실시하였다. 수학은 고등학교 1학년 과정에서는 모두 1등급이 나왔다. 첫 시험에서 화학은 고2 6월 모의고사는 1등급, 고3 3월 모의고사에서는 2등급이 나왔다. 제대로 배우고 잊어버린 것을 훌륭하게 되살려 내서 시험에 응한 것이다. 그래서 이 학생이 어떻게 선행학습을 했는지 확인해봤다. 충주에서 과외로 과정을 한 번 끝낸 것이 전부였다. 그런데 놀라운 것은 그 과외 강사가 정말 개념을 잘 지도했다는 점이다. 화학을 가르친 강사는 8개월 동안 '완자'(절대 '하이탑' 아님)란 교재로만 개념을 모두 제대로 설명해주고, 학생이 다 암기를 마치도록 꼼꼼하게 지도했다. 중3 여름방학에 고3 모의고사 2등급이 나올 만하게 지도해준 것이다. 진도를 빨리 끝내는 것을 목적으로 하지 않고 정도(正道)를 간 것이다. 중학생 대상 학원이나 과외 강사가 할 수 있는 최상의 서비스를 해준 셈이다. 그리고 이 학생은 그 과정을 의심하지 않고 완수했다. 강사의 노력보다 이 부분이 더 중요하다. 이 때부터 매주 모의고사를 풀고 오답을 정리하는 것을 고등학교 입학 전까지 꾸준히 진행했다. 고등학교 1학년 입학하고 1학기를 마칠 때까지 어머니와 확인한 바로는 내신은 전체 1등급, 전교 1등이었고 수능 모의고사는 99.9%를 유지하고 있었다.

개인적으로 대치동 중학생 선행 속도는 과잉이라 생각한다. 굳이 그리 빨리 해야 할 이유가 없다고 본다. 어차피 수능 범위도 고등학교 2학년 과정이 대부분이다. 어차피 선행은 아무리 빨리해도 고등학교 2학년이 되면 모두 동일한 진도에서 만난다. 결국 중요한 것은 완성도와 배운 내용을 잊지 않고 있느냐하는 문제이다. 배운 것을 잊어버리면서 진도만 빼느니, 천천히 하면서 착실하게 기억하고 이해하는 것이 의대 입시에 훨씬 효과적이다. 이렇게 누적 범위의 수능 모의고사 풀이 시간을 관리하는 것은 공부하는 사람의 몫이다. 혼자 하는 것이 어렵다면 대학생 과외 강사를 구해서 모의고사 문제를 확보하고 시험 시간을 같이하고 질문을 받아주는 정도의 도움을 받는 것도 좋다. 수학과 과학에서 누적 범위를 잊지 않도록 모의고사를 활용하는 것을 6개월을 진행하면 루틴이 된다. 고등과정이 시작되면 반드시 동시에 실시해야 한다.

다음은 수능 국어의 루틴을 만드는 과정이다. 수학이나 과학보다 단순하다. 그냥 수능 국어 학원을 다니기 시작하면 주1회 수능 모의고사를 풀고 오답노트를 정리하면 된다. 보통 수능 국어 전문학원은 대부분 이런 과제를 내준다. 그냥 과제를 빼먹지 않고 해가면 된다. 고등학교 1학년 모의고사부터 차근차근 풀어 가면 된다. 국어는 절대로 단기간에 성적이 올라가지 않는다. 그리고 한 번 1등급이 나왔다고 방심하면 바로 2등급, 3등급으로 떨어진다. 그냥 눈뜨면 양치하듯이 규칙적으로 매주 하면 된다. 수능 1주일 전까지. '한 주라도 국어 모의고사를 풀지 않으면 1주일에 2점씩 떨어진다.'고 생각하면 된다.

고등학생이 되면 이런 루틴이 깨지는 경우가 많다. 내신 때문이다. 내신의 노예가 돼서 주1회 모의고사 루틴을 지키지 않는 것이다. 솔직히 이때부터 수능 1등급은 멀어지게 된다. 내신 준비 기간 3주나 4주 정도를 제외하고는 고등학교 1학년 학기 중에도 이 루틴을 계속 이어가야 한다. 학생들을 만나다 보면 내신이 쉬운 일반고를 다니는 학생들이 더 수능 공부시간을 확보하지 못하는 현상을 많이 본다. 상식적으로 보면 내신이 어려운 자사고나 강남 학생들이 더 수능 공부할 시간이 없어야 하는 것이 정상이다. 하지만 자사고나 강남 학생들은 그 어려운 내신을 대비하는 과정에도 시간을 할애해서 수능 모의고사를 지속적으로 풀고 학습한다. 의대 입학을 위한 내신 최상위권은 우리 학교 내신 수준에 맞게 효율적으로 내신 대비를 하면서 수능 공부를 병행해야 한다. 이게 안 되면 수능최저를 맞출 수 없어 의대 입시에 실패할 가능성이 커진다. 고1부터 내신과 수능을 병행하지 못하면 2학년 때는 아예 수능 공부는 뒷전으로 밀리게 된다. '이 정도 난이도의 내신이면 3주면 되겠네.', '아냐 적어도 5주는 필요하겠어.' 등 자신만의 내신 준비 기준이 있어야 한다. 고등학교 1학년 중간고사가 지나면 기말고사 대비부터는 이런 자기 기준이 있어야 한다.

일부 학생이나 학부모들은 자사고나 강남지역 학생과의 역량 차이를 말하기도 한다. 절대 아니다. 역량이 아니라 습관을 만들고 유지하기, 즉 루틴의 문제이다. 과감히 내신과 수능 공부를 병행해야 한다. 정해둔 기간이 아니면 내신을 잠시 접어두는 것에 익숙해져야 한다. 4주면 가능한 내신 대비를 6주를 한다면 2주를 낭비하는 셈이고 1년이면 2달이다. 수능 1등급은 충분히 날려먹을 기간이다. 모의고사로 치면 8주치가 밀린 셈이다. 이런 상태로 어찌 수능 1등급을 바라겠는가? 내신을 4주에 마쳐야 한다는 스트레스가 학습의 효율성을 높이는 효과를 낸다. 의대 입시를 준비하는 학생은 고등학교 입학 후 3년 이라는 주어진 기간 내에 내신과 수능을 병행해서 1등급을 받아야 한다. 모두에게 3년이 주어진다. 내신 대비를 고등학교 기간이 5년인 것처럼 방만하게 운용하다보면 결국은 재수를 하게 될 것이다. 의대 입시에서는 공대처럼 낭만적으로 '선 내신, 후 수능'이란 여유는 없다. '수능과 내신 병행'만이 의대 입시의 성공을 보장한다.

의대입시 팩트체크
- 데이터로 보는 의대 가는 길

초판 1쇄 발행 | 2022년 11월 25일

지은이 | 이해웅
발행처 | 타임북스
발행인 | 이길호
편집인 | 이현은
편 집 | 황윤하
마케팅 | 유병준 · 김미성
디자인 | 손승우
제 작 | 김진식 · 김진현 · 이난영
재 무 | 강상원 · 이남구 · 김규리

타임북스는 ㈜타임교육C&P의 단행본 출판 브랜드입니다.

출판등록 | 2020년 7월 14일 제2020-000187호
주 소 | 서울시 강남구 봉은사로 442 75th Avenue 빌딩 7층
전 화 | 02-590-6900
팩 스 | 02-395-0251
전자우편 | timebooks@t-ime.com

ISBN | 979-11-92769-03-5(43370)